Inhalt

Bergisches Land

Münsterland

Per Pedes mit Bus und Bahn 137

PER PEDES

Herausgegeben in Kooperation mit dem Verkehrsverbund Rhein-Ruhr

© 1995 ZEITGEIST VERLAG GmbH
Postfach 111335
40513 Düsseldorf
Tel. 0211-556255 Fax 575167
Alle Rechte vorbehalten

Herausgeber: Hubert Bücken

Autoren: Michael Thiesies,
Martin Velling

Redaktion, Produktion: Jörg Martin

Redaktionelle Mitarbeit: Frank
Wiedemeier; Susanne Konzog, Andrea
Noetzel

Karten: Heidi Schmalfuß, München

Titelgestaltung: wk-Werbung, Iserlohn

Lithos: Publishing Partner, Bochum

Druck: Graph. Großbetrieb Pößneck

Printed in Germany 1995
ISBN 3-926224-89-4

Vertrieb: Ullstein Verlag, Berlin

Bildnachweis:

Georg Anschütz 83, Bavaria 5, DFSG 14/15,
Manfred Ehrich 44/45, 48, Karl-Heinz Funke
125, Gemeinde Raesfeld 121, Heinrich-Heine-
Institut, Düsseldorf 12, IBA-Emscherpark 84,
Kluterthöhle- und Freizeitverwaltung 104,
Dieter Körner 8, 27, Helmut Lippach 122,
Peter Lippsmeier 76, Medienzentrum Viersen
37, Medienzentrum Wuppertal 94, 102,
Public Information British Forces Germany 26,
Rheinbraun 25, Ruhr-Zoo 71, Wilfried Ruthmann
73, Dieter Schinner 119, Michael Scholz 61, 64,
Stadt Bochum 65, Stadt Castrop-Rauxel 78,
Stadt Dortmund 79, Stadt Gelsenkirchen 57,
Stadt Hattingen 114, Stadt Herten 69,
Stadt Kaarst 35, Stadt Korschenbroich 20,
Stadtwerke Krefeld 40, Stadt Lünen 135,
Stadt Moers 42, Stadt Neuss 17, Stadt Nieder-
krüchten 31, Stadt Remscheid 99, 100,
Stadt Velbert 116, 117, Stadt Wetter 91,
Stadt Witten 87, Stern-und Dampfbierbrauerei
56, Michael Thiesies 74, 96, Verkehrsamt
Haltern 128, Manfred Vollmer 49, Werbe- und
Wirtschaftsförderungsamt D, Ulrich Otte 7, 10,
Westf. Freilichtmuseum Hagen 112

Liebe Leser,

SGV

Sauerländischer Gebirgs-
verein e.V.
Emsterstraße 104
58093 Hagen
Tel. 02331-55255

Verein Niederrhein

Verein Niederrhein e.V.
Karlsplatz 14
47798 Krefeld
Tel. 02151-778238

Geselliges Wandern

Falls Sie lieber in Gesell-
schaft wandern, können Sie
an einer Wandertour mit
Führung teilnehmen. Sie
werden regelmäßig von
den Wandervereinen
organisiert.

Achtung

Außerhalb der Ballungs-
gebiete fahren die Züge am
Wochenende nicht
besonders häufig. Für ihre
Tourenplanung empfehlen
die Autoren den „Verbund-
fahrplan Schnellverkehr", in
dem alle Züge aufgeführt
sind. Er kostet 1,- DM.

lassen Sie sich (und Ihre Familie) doch mal so
richtig gehen!

Immer mehr Menschen haben das Wandern
wiederentdeckt: Jede Menge Freizeitspaß ist
garantiert, und vor allem ist wandern gesund!
Für den Kreislauf, für die Figur, für´s Gemüt.

Die Region an Rhein und Ruhr bietet jede
Menge Ausflugsattraktionen. Ausgangspunkt
unserer Wandervorschläge ist stets ein Bahnhof
oder eine Haltestelle im VRR-Gebiet. Falls Sie
mit Bus und Bahn noch nicht so vertraut sind:
Ab Seite 137 erklärt der VRR die Spielregeln.

Damit Sie auch immer „auf dem richtigen Weg"
sind, haben die Wanderer des **Sauerländischen
Gebirgsvereins (SGV)** und des **Vereins
Niederrhein** viele Pfade mit Kreuzen, Rauten
und anderen Symbolen gekennzeichnet.

Spezielle Wanderkleidung ist bei den beschrie-
benen Touren nicht erforderlich. Bei Strecken
über zwei Stunden Gehzeit sollten Sie auf festes
Schuhwerk achten.

In den Streckenbeschreibungen wird von einer
durchschnittlichen Wandergeschwindigkeit von
4 Kilometern in der Stunde ausgegangen. Im
Flachland können durchaus mehr Kilometer
zurückgelegt werden, bergauf schaffen Sie
wahrscheinlich weniger.

Wenn Sie auf eine bestimmte Abfahrtszeit
angewiesen sind, planen Sie sicherheitshalber
ein wenig großzügiger. Vielleicht bleibt dann
noch etwas Zeit für eine zünftige Einkehr, ehe
Sie Bus und Bahn schnell und sicher nach Hause
bringen.

Viel Spaß garantieren Ihnen

 und

Rheinland

Ein Frachtschiff tuckert kraftvoll gegen den Strom an, ein paar Kühe grasen unter knorrigen Weiden: Idyllisches Rheinland. Es sind immer nur ein paar Fahrminuten aus den Metropolen hinaus, und schon sind Sie umgeben von bäuerlicher Romantik. Unsere Wandervorschläge zeigen die ganze Vielfalt und Buntheit dieser Landschaft, ihrer Menschen und ihrer Geschichte.

Kultur und Kämpe

Von Düsseldorf-Benrath nach Zons

Traumhafte Schloßanlagen und nette, historische Orte zieren die Auenlandschaft der Urdenbacher Kämpe, die zwischen einem schmalen Rheinarm im Osten und dem heutigen Stromverlauf im Westen liegt. Im Benrather Schloßpark, in den Pappel-wäldchen und auf den Wiesen der Kämpe kommt der Naturfreund auf seine Kosten.

Anfahrt Bf Düsseldorf-Benrath
DB-Linien SE1, **S**6; Straßenbahn 701; Bus 776, 779, 784, 788, 789, 815, 817

Abfahrt **H** Schloßstraße (Dormagen-Zons)
Bus 875, 882

Streckenlänge: 13 km (ca. 3.30 Stunden)

Benrather Schloß
Lust auf eine Führung durchs Benrather Schloß? Für DM 7,–/3,50 können Sie sich auf Filzpantoffeln die hochherrschaftlichen Gemächer sowie die Möbel-, Uhren- und Porzellansammlungen anschauen. Schloßallee, Düsseldorf, Tel. 0211-8997271, Öffnungszeiten: Di-So 10-17 h, Führungen alle 30 Minuten, letzte Führung 16 h.

Start:
Alles an Bord? Vom Bahnhof Benrath führt Ihr Weg zunächst durch den verkehrsberuhigten Ortskern zum Schloß.

10 min:
Vorbei am großflächigen Schloßteich betreten Sie die Parkanlagen von **Schloß Benrath**. Das Jagd- und Lustschloß (1755-1773 erbaut) zählt zu den schön-sten spätbarocken Schloßbauten Europas - muß man also gesehen haben. Durch die phantastischen Gärten und den anschließenden Wald gelangen Sie zum Rheinufer.

45 min:
Hinter dem alten Fährhaus kommen Sie nach rechts in die Rheinaue. Bald darauf erreichen Sie Urdenbach (Abstecher).

1.10 Std:
Zahlreiche alte Häuser prägen den dörflichen Charakter des gemütlichen Düsseldorfer Ortsteils Urdenbach. Erläuterungstafeln, die hier häufig an den

Häusern zu sehen sind, lassen Ihren Bildungshunger nicht zu kurz kommen. Nach kurzem Rundgang geht es zurück zum Ortweg, dann nach links durch die Urdenbacher Kämpe. Hier wandern Sie auf schmalen Pfaden entlang des Altrheins.

2.30 Std:

Sie passieren **Haus Bürgel** in Monheim-Baumberg.

3.00 Std:

Nach ruhigem Fußweg durch die bewaldeten Rheinauen erreichen Sie die **Autofähre Urdenbach-Zons** (laufender Betrieb), die Sie in kurzer Zeit ans

Haus Bürgel

Haus Bürgel stammt aus dem 4. Jh. Das ehemalige römische Kastell lag zunächst linksrheinisch. Im 14. Jh. verlegte der Rhein jedoch sein Bett. Auf den Grundmauern des Kastells wurde das heutige Gut errichtet, das in nächster Zeit renoviert werden soll.

n Düsseldorf-Urdenbach weiß man immer, wo es lang geht

1

Dormagener Ufer bringt. Über den Hochwasserschutzdeich wandern Sie zu den alten Mauern von Zons.

3.30 Std:

Eine vollständig erhaltene Stadtmauer mit vier unterschiedlichen Türmen umgibt die historischen Gäßchen der ehemaligen kölnischen Zollfeste Zons (röm. Sontium). Der wuchtige Rheinturm mit der Doppeltoranlage und der schlanke Juddeturm sind sehenswert. Schön sind ebenfalls der zur Windmühle umgebaute **Mühlenturm** und der burgturmähnliche Krötschenturm. Beherrscht wird Zons von Schloß Friedestrom, heute **Kreismuseum** und Ort alljährlicher Märchenfestspiele. Zahlreiche Gaststätten laden ein.

Schiffahrt

Schiffahrt Benrath-Zons, Tel. 02133-42349, 53296 oder 3772. Betriebzeiten: 1. Mai-15. September, bei schönem Wetter auch schon früher.

Mühlenturm

Der Mühlenturm bietet dem Besucher ein vollständig erhaltenes Mahlwerk. Infos über den Turm: Tel. 02133-53262 (Verkehrsamt Dormagen). Führungen können unter Tel. 02133-49961 vereinbart werden.

Maßstab: 1: 25 000

Naturschutzgebiet Zonser Grind

Kreismuseum Zons

Hier sehen Sie die größte Jugendstilzinnsammlung in Deutschland. Schloßstraße 1, Dormagen, Tel. 02133-46715 oder 44001, Di-Fr 14-18 h, Sa, So 10-12.30 h und 14-17 h.
Infos zur Freilichtbühne mit den Märchenvorstellungen Tel. 02133-53262 (Verkehrsamt Dormagen).

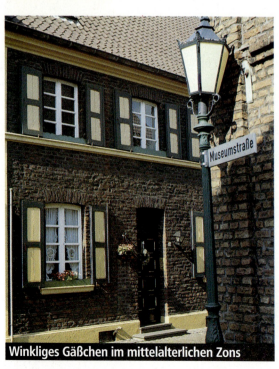

Winkliges Gäßchen im mittelalterlichen Zons

Feste Zon

Total tierisch

Von D-Grafenberg nach D-Rath

Info
Viele Tiere, viel Wald und für den, der es mag, auch was zum Fliegen - die Tour ist für Familien mit Kindern also bestens geeignet.

Wildpark Grafenberg
Wildpark Grafenberg: Eintritt frei; geöffnet 9-19 h (im Winter bis 16 h), Tel. 0211-625972.

Galopprennbahn
Infos können Sie erfragen unter: 0211-353658. Die Renntermine 1995: 8.4., 29.4., 7.5., 10.5., 3.6., 17.6., 21.6., 5.7., 9.7., 23.7., 26.7., 20.8., 27.8., 2.9., 17.9., 20.9., 8.10., 22.10. Die Eintrittspreise sind abhängig von der Art des Rennens und des Platzes und liegen zwischen DM 9,– und 20,–.

Im Park geht´s tierisch ab

Ein tierisches Programm bietet Ihnen diese Tour durch den Grafenberger Wald. Urige Mufflons, stolze Hirsche und rauflustige Wildschweine begleiten Sie auf Ihrem Weg durch den Wildpark. Doch wenn Sie lieber auf Pferde setzen: An vielen Wochenenden gibt es auf der Grafenberger Rennbahn Galopprennen. Die Wettregeln hängen aus.

Anfahrt Ⓗ Auf der Hardt (D-Grafenberg)
Straßenbahn 703; Bus 731, 746, 803

Abfahrt Ⓢ-Bf Düsseldorf-Rath
Ⓢ 6; Straßenbahn 701, 711; Bus 812

Streckenlänge: 10 km (ca. 2.30 Std)

Start:
Gehen Sie vom Trotzhofweg am Rande des Grafenberger Waldes bergauf zum Wildpark.

15 min:
Am Parkplatz sehen Sie rechts den **Wildpark**. Neben Rot-, Reh-, Dam-, Mufflon- und Schwarzwild tummeln sich hier auch Fasane, Füchse und Störche. Ein Bienenlehrstand ist ebenfalls vorhanden. Durchwandern Sie den Park bis zum östlichen Ausgang am Ratinger Weg.

45 min:
Hier treffen Sie auf den Wanderweg **D** (Düsseldorfer Rundweg des Sauerländischen Gebirgsvereins), dem Sie bis fast zum Ende der Tour folgen.

60 min:
In einem weiten Bogen umrunden Sie die **Grafenberger Rennbahn**. Vielleicht haben Sie Glück, und Sie können die Jockeys beim Training beobachten. Wenn gerade ein Rennen läuft, steht Ihnen sogar das Rund der Rennbahn offen. Rennsaison ist von März bis Oktober.

1.15 Std:

Über die Kastanienallee sind Sie wieder zur Rennbahnstraße zurückgekehrt und befinden sich nun im Aaper Wald, Höhenweg **D**.

2.00 Std:

Am **Dachsbergweg** verlassen Sie den Weg **D** und gelangen in weitem Linksbogen hinab nach Oberrath.

2.15 Std:

Nachdem Sie die Straßenbahnstrecke überquert haben, gehen Sie links durch die Oberrather Straße zum Ⓢ-Bahnhof Düsseldorf-Rath.

Segelflieger

Wenn sie dem Dachsberg-weg (2.00 Std) nach rechts folgen, kommen Sie zum Segelfluggelände. Von Apr. bis Okt. werden an Wochen-enden und Feiertagen Flüge angeboten. Infos: Heinz Pott, Tel. 0211-241416.

Altstadtrundgang in Düsseldorf

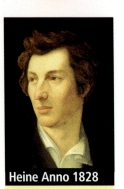

Heine Anno 1828

„Die Stadt Düsseldorf ist sehr schön, und wenn man in der Ferne an sie denkt und zufällig dort geboren ist, wird einem wunderlich zumute." Heinrich Heine wußte seine Heimatstadt zu loben als sie noch ein Provinzstädtchen war. Heute gilt Düsseldorf als Mode-Metropole - und Heines Heimat ist die „längste Theke der Welt" geworden.

Heinrich Heine wurde am 13.12.1797 in Düsseldorf geboren und starb am 17.2.1856 in Paris. Nach dem Scheitern seiner kaufmännischen Laufbahn begann er ein Rechtsstudium (1821-25). Erste literarische Erfolge hatte er als Lyriker mit „Gedichte" (1822). 1831 ging er als Korrespondent der Augsburger Allgemeinen Zeitung nach Paris. Mit kulturellen und politischen Berichten aus Frankreich entwickelte er seinen zukunftsweisenden journalistischen Stil. Sein wohl bekanntestes Werk schrieb er 1844: „Deutschland. Ein Wintermärchen". Mit beißendem, satirischem Stil kritisierte er die damaligen politischen und gesellschaftlichen Zustände in Deutschland.

Anfahrt DB-Bf Düsseldorf-Wehrhahn

DB-Linien S 1, S 6, S 7, S 11, S 21; Straßenbahn 703, 708, 709, 712, 713, 719; Bus 725, 737, 746, 812

Abfahrt Düsseldorf-Altstadt

mehrere U-Bahnhöfe und Haltestellen mit Bahn- und Busverbindungen in alle Richtungen; Fußweg zum Hbf ca. 1,5 km (25 Min)

Streckenlänge: ca. 3 km (reine Gehzeit ca. 60 min)

Start:

Zunächst folgen Sie der Straße Am Wehrhahn bis zur Pempelforter Straße. Hier halten Sie sich rechts und gehen bis zur Louise-Dumont-Straße, in die Sie links einbiegen.

1

An der Jacobistraße überqueren Sie die nördliche Düssel. Am jenseitigen Ufer wenden Sie sich nach links. Hier im Hofgarten finden Sie das Heine-Denkmal „Harmonie" von Maillol.

2

Wenn Sie vor der Jägerhofpassage (Unterführung) nach rechts schauen, sehen Sie das **Schloß Jägerhof**

3

Durch die Weyhepassage führt der Weg in den nördlichen Hofgarten zum Rheinufer.

4

Am Rheinufer (Kunstmuseum) wenden Sie sich nach links und passieren das Landesmuseum für Volk und Wirtschaft. Daneben sehen Sie die Tonhalle - Düsseldorfs gute Stube in Sachen Musik.

5

Vom Bereich Oberkasseler Brücke fällt der Blick auf den linksrheinischen Ortsteil Oberkassel. Hier findet alljährlich in der zweiten, bzw. dritten Juliwoche die Oberkasseler Kirmes statt. Rheinaufwärts sehen Sie den **Rheinturm**. Zu seinen Füßen liegt der nordrhein-westfälische Landtag. Nach Unterqueren der Brücke geht es links durch die Fritz-Roeber-Straße. Auf der linken Straßenseite sehen Sie die staatliche Kunstakademie.

6

Über Eiskellerberg, Mühlengasse und Ratinger Straße haben Sie das Ratinger Tor erreicht (errichtet 1811-1815). Ein paar Meter noch auf der Heinrich-Heine-Allee, und Sie passieren die Deutsche Oper am Rhein. Schräg gegenüber fällt das moderne, schwarz-glänzende Gebäude der Kunstsammlung NRW ins Auge (Grabbeplatz 5, Tel. 0211-83810, Di-So 10-18 h, DM 5,–/3,–).

7

Vom Corneliusplatz im Norden bis zum Graf-Adolf-Platz im Süden folgt mit 800 m Länge und 85 m Breite die Königsallee (kurz „Kö"). Bummeln Sie auf der linken (Ost-) Seite an den glanzvollen Schaufenstern entlang.

8

Zwischen Kaiserteich und Schwanenspiegel (Heine-Monument von Bert Gerresheim, 1981 wurde es errichtet) schlendern Sie zur Poststraße. Über den Kaiserteich fällt der Blick auf das Ständehaus, ehemaliger Sitz des Landtags.

9

An der Kreuzung Benrather/Bilker Straße finden Sie das **Heinrich-Heine-Institut**.

10

Durch die Altstadtgassen erreichen Sie das alte Rathaus. Auf dem davorliegenden Marktplatz steht das Jan-Wellem-Denkmal.

Schloß Jägerhof

Schloß Jägerhof entstand 1752-63. Im Zweiten Weltkrieg schwer beschädigt, wurde das Schloß von 1950-54 wieder aufgebaut. Heute beherbergt es das Goethe-Museum und die Sammlung Dr. Ernst Schneider (Porzellan und Kunstgewerbe aus dem 18. Jh.), Jacobistr. 2, Tel. 0211-8996262, Di-Fr, So 11-17 h, Sa 13-17 h.

Rheinturm

Mit 234,2 m ist der Fernmeldeturm um 80 m höher als der Kölner Dom. Der Turm ist tgl. von 10-24 h geöffnet. Eintritt: DM 5,50/3,–.

Heinrich-Heine-Institut

Im Heinrich-Heine-Institut erfahren Sie alles über den großen Dichter und Satiriker. Bilker Str. 12-14, Tel. 0211-8995574, Di-Sa 14-18 h, So 11-18 h, DM 4,–/2,–.

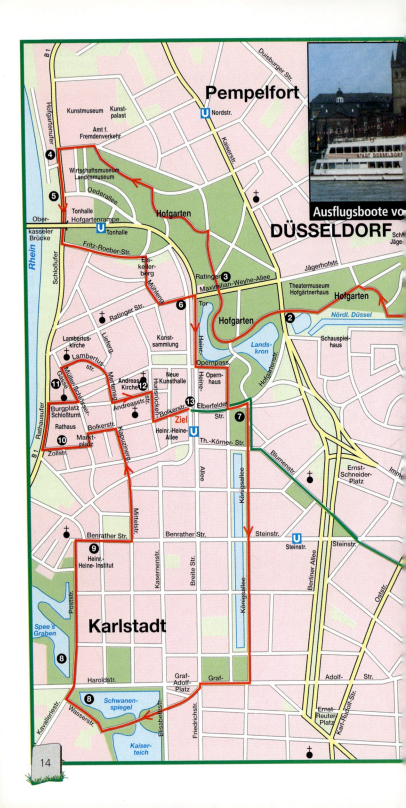

Tip

Im Anschluß an den „feuchtfröhlichen" Altstadtrundgang bietet sich eine Schiffahrt vom Rathausufer bis Kaiserswerth an. Das Schiff fährt von April bis Oktober. Fahrplan-Infos unter Tel. 0211-555155 (tgl. 9-17 h). Der Clou: Kleine und große Geburtstagskinder haben an ihrem Geburtstag freie Fahrt.

usufer

11

Hinter dem Rathaus am Burgplatz finden Sie den letzten Rest des ehemaligen herzoglichen Schlosses, den **Schloßturm**. Er beherbergt heute das Schiffahrtsmuseum. Nördlich davon liegt die **Basilika St. Lambertus**.

12

Sie stehen vor der **Andreaskirche**. In ihrer Nachbarschaft (Hunsrückenstraße) finden Sie das berühmte Kabarett Kom(m)ödchen (Tel. 0211-329443).

13

Die Tour endet am Bolkerplatz. Vom nahen [U]-Bf Heinrich-Heine-Allee kommen Sie schnell zum Hbf. Sicher werden Sie vorher durch die zahlreichen Altstadtgassen bummeln. Auf der Bolkerstr. 53 z.B. finden Sie Heines Geburtshaus. Die längste Theke der Welt ist ideal, um die Düsseldorfer Braukunst zu testen.

Schloßturm

Im Schiffahrtsmuseum im Schloßturm dreht sich alles um die Rhein-Schiffahrt, Burgplatz, Tel. 0211-8994195, Fr, Sa 14-18 h, sonn- und feiertags 11-18 h, DM 4,–/2,–.

Basilika

Die Basilika St. Lambertus stammt aus dem 13./14. Jh., ihre schiefe Turmkrone aus dem Jahr 1815. In ihr finden Sie auch das Renaissance-grabmal Herzog Wilhelms des Reichen von 1595/99.

Andreaskirche

Nach Vorbildern aus Rom und Neuburg an der Donau entstand 1629 die Andreaskirche. Im 17. Jh. war das Gotteshaus der künstlerisch bedeutendste Bau am Niederrhein.

Maßstab 1: 29 000

0   250   500 m

Aus Alt mach Neuss

4

Rund um Neuss

Obwohl im Laufe der Geschichte immer wieder zerstört, bietet Neuss viele bauliche Sehenswürdigkeiten: Vom ehemaligen Römerlager, über das mächtige Münster bis hin zur beschaulichen Wassermühle - eine kleine baugeschichtliche Sensation. Außerdem stößt der Wanderer hier am Unterlauf der Erft auf eine überraschende Flußidylle.

Das St. Quirinus-Münster

Anfahrt (H) Neuss Stadthalle (Neuss)

Stadtbahn [U] 75; Straßenbahn 704, 709; Bus 841, 851, 852, 854, 869, 874, 875, 849

Streckenlänge: 14 km (ca. 3.30 Stunden)

Start:

Gemütlich lassen Sie die Neusser Altstadt hinter sich und gehen zum Alexianerplatz. Dort biegen Sie schräg links in den Rundwanderweg **A6** zum Scheibendamm ein, der über das Gelände des ehemaligen **Römerlagers Novaesium** führt.

40 min:

Am Sporthafen erreichen Sie den Rhein und die Mündung der Erft. Erftaufwärts folgen Sie dem Fluß im südlichen Ufer.

1.20 Std:

Nach Unterquerung der Autobahn A57 erreichen Sie die Gnadentaler Mühle. Die Weite der landwirtschaftlich genutzten Auen gibt den Blick auf die Ortsteile Norf, Weckhoven und Reuschenberg frei.

2.40 Std:

Vor Ihnen liegt das Naturdenkmal Erftschleife. Hier trennt sich die Obererft von der alten Erft. Ein Abstecher rechts über die Brücke bringt Sie zum **Schloß Reuschenberg** und zur Wallfahrtsstätte **Corneliuskapelle**. Anschließend kehren Sie zurück zum Uferweg.

Römerlager

Das ehemalige Römerlager Novaesium diente ab 12 v. Chr. als Militärlager. Die später unter Claudius entstandene Zivilsiedlung wurde durch die Franken 276 zerstört.

Schloß Reuschenberg

Schloß Reuschenberg wurde im Mittelalter erbaut. Das, was heute zu sehen ist, entstand jedoch erst Mitte des 19. Jhs. Leider ist das Gebäude nicht zu besichtigen, da es als Schulungszentrum der Landwirtschaftskammer dient. Die Kapelle nebenan ist ca. 300 Jahre alt und dem Schutzpatron der Nervenkranken, dem hl. Cornelius, gewidmet.

17

4

Selikumer Bauernhof

Was Sie und Ihre Kinder schon immer über das Leben auf dem Lande wissen wollten, der Selikumer Bauernhof gibt Antwort. Nixhütter Weg 141, Neuss, Tel. 02131-9001 (Grünflächenamt) und Tel. 02131-465325 (Bauernhof), tgl. 9-19 h, Eintritt frei.

Clemens-Sels-Museum

Von römischen Funden bis hin zur Kunst des 19. Jhs ist im Museum vieles aus der Neusser Geschichte zu sehen. Am Obertor, Neuss, Info-Tel. 02131-904141. Geöffnet täglich, außer Mo, 11-17 h, Eintritt DM 5,–/3,–.

St.-Quirinus-Münster

Das Sankt-Quirinus-Münster datiert aus dem 13. Jh., die Krypta sogar aus dem 11. Jh. Das Äußere der imposanten Basilika wird von dem gewaltigen Turm an der Westfassade geprägt. Das wertvollste Stück der Inneneinrichtung ist das Gabelkruzifix aus der Zeit um 1360. Die dreischiffige Emporen-basilika gehört zu den ältesten und bedeutendsten Sakralbauten im Rheinland.

2.00 Std:

An der Erprather Straße biegen Sie rechts ab, kreuzen die Erft und wandern auf dem jenseitigen Ufer erftabwärts. Hier begleitet sie das Zeichen der Hauptwanderstrecke **X2** bis Neuss Mitte.

2.15 Std:

Sie erreichen den Selikumer Park und folgen nun der Obererft. Bevor Sie die Uferseite wechseln, lohnt sich ein kurzer Umweg durch den Park. Hier erwartet Sie ein Wildgehege, ein Landschaftslehrpfad und der **Selikumer Bauernhof**.

3.00 Std:

An der Nordkanalallee verlassen Sie den Wasserlauf. Es geht links ab und bald darauf an der Kreuzung rechts über die Selikumer Straße. So erreichen Sie den Ausgangspunkt der Wanderung. Bummeln Sie durch die Altstadt zum Hauptbahnhof:

Die Neusser Altstadt

Die erste Attraktion in der Neusser Altstadt ist schnell erreicht: das ❶ Obertor (um 1200), der mächtige Rest der mittelalterlichen Stadt-befestigung.

Im benachbarten ❶ **Clemens-Sels-Museum** können Sie sich über die Stadt-Geschichte infor-mieren. Am Museum links gelangen Sie durch die Zitadellstraße zum ❷ Rosengarten. Vorbei am ❸ Windmühlenturm und ❹ Blutturm, einem ehemaligen Gefängnis, gehen Sie zur Zollstraße. Dieser folgen Sie nach rechts, kreuzen die Ober-straße (Straßenbahn) und biegen sofort schräg links in die Hymgasse ein. Am ❺ Zeughaus von 1637 fängt bereits der große Rheinhafen an. Doch nun kommt der Höhepunkt der Neusser Altstadt, am Münsterplatz: das ❻ **Sankt-Quirinus-Münster**. Der Schritt in die Innenräume gehört beinahe schon zum Pflichtprogramm.

Manches gut erhaltene Bürgerhaus vergangener Tage steht noch in der Altstadt, so auch im Verlauf der anschließenden Fußgängerzone (Büchel und Niederstraße). Hier finden Sie an der Ecke Nieder-straße/Brandgasse die ❼ Sankt Sebastianus-Kirche von 1718. Am nördlichen Ende der Fußgängerzone - hier stand früher das Niedertor - verlassen Sie die Altstadt und gehen geradeaus durch die Krefelder Straße zum Hauptbahnhof.

Schönes Wochenende.

In unserem alten
Braunkohlentagebau.

Unsere Braunkohle kann nur im Tagebau gewonnen werden. Das ist ein tiefer Eingriff in natürlich gewachsene ökologische Systeme. Deshalb muß alles getan werden, um die früheren Tagebaugebiete wieder sinnvoll zu rekultivieren. Und es wird getan!

1,5 Millionen Bäume und Sträucher, die jährlich neu gepflanzt werden, fast 7000 Hektar neuer Forst, hunderte Kilometer Wanderwege und mehr als 700 ha attraktive Seenfläche zeigen, daß die Braunkohlenförderung nach ihrer nützlichen auch eine ausgesprochen schöne Seite hat.

Warum wir die Braunkohle brauchen . . .

- In NRW werden rund 40% des Stroms aus der billigen Braunkohle erzeugt. Das hält den Strompreis niedrig.
- Braunkohle sichert 40.000 Arbeitsplätze. Davon leben 100.000 Menschen in unserer Region.
- Milliarden an Investitionen, Lohnzahlungen und Steuerleistungen beleben die Wirtschaft unseres Landes.
- Die Braunkohlenvorräte machen uns energiepolitisch unabhängiger.

Alte Schätze

Rund um Korschenbroich

Die gute alte Zeit, am Niederrhein ist sie noch lebendig. Man kann sich leicht vorstellen, wie vor einigen hundert Jahren das Leben hier am Niederrhein ablief. Stationen unserer Wanderung: Das prächtige Renaissance-Schloß Rheydt, das bezaubernde Liedberg und, als Start- und Zielpunkt der Tour, das alte Städtchen Korschenbroich.

An- und Abfahrt 18 km-Tour: Ⓢ-Bf Korschenbr.
Ⓢ 8; Bus 016, 029

Abfahrt nach 12 km: Korschenbroich-Liedberg
Ⓗ St. Georg: Bus 031, Ⓗ Schloßstraße: Bus 86

Streckenlängen: wahlweise 12 km (ca. 3 Std)
oder 18 km (ca. 4.30 Std)

Die Schloßkapelle und der Mühlenturm in Lied

Start:

Am Ⓢ-Bf **Korschenbroich** gehen Sie nach rechts über Am Bahnhof und Robert-Bosch-Str. bis zur Mühlenstraße. An der Kreuzung halten Sie sich wieder rechts und spazieren durch die Rochusstraße bis zur Niersbrücke.

20 min:

Jenseits der Brücke geht es an der Niers entlang bis auf die Höhe von **Schloß Rheydt**. Hier biegen Sie rechts ab zum Schloß und gehen um die Wassergräfte herum. Geschichts- und Kulturinteressierte kommen in den **Museum**sräumen des Schlosses auf ihre Kosten. Sie gelangen wieder zum Niersufer und wandern zur nächsten Brücke im Verlauf der Ritterstraße.

60 min:

Am Waldrand entlang folgen Sie dem Weg **X3** bis zum Wasserweg. Sie zweigen links ab in die St. Georg-Straße und verlassen den Weg **X3**. Am Ende biegen Sie rechts in die Hildegundisstraße und gehen durch Steinhausen nach **Alt-Liedberg**. Sie spazieren durch die alten Straßen und hübschen Gassen zum **Schloß**. Hier bestehen Rückfahrtmöglichkeiten mit Bussen.

2.45 Std:

Die Unermüdlichen gelangen durch die Schloßstraße und dann auf dem Weg **X3** (Feldweg) ins Dorf Schlich.

3.00 Std:

Am Ortsende von Schlich verlassen Sie den Weg **X3**. Das Zeichen **A10** führt Sie nach links bis zum südlichen Ortsrand von Kleinenbroich. Am Jüchener Bach geht es nach links über den Weg **K4**. Am Levishof laufen Sie gut 200 m parallel zur Konrad-Adenauer-Straße.

4.00 Std:

Nachdem Sie die Kleinenbroicher Straße gekreuzt haben, wandern Sie bis zur Brücke über den Jetbach (hinter der Kläranlage an der Lichtstraße). Weiter geht's auf dem Weg **A7** am Bach entlang bis zur Pescher Straße, die nach rechts zur Ortsmitte Korschenbroich führt. Bummeln Sie zum Schluß durch die alte, kleine Stadt. Über die Hindenburgstraße kommen Sie zum Bahnhof.

Liedberg

Liedberg kann auf eine über 1000jährige Geschichte zurückblicken. Der Name leitet sich ab vom keltischen Wort Leda=Klippe und dem mittelhochdeutschen Wort Lith=Bergabhang. Na klar: Liedberg liegt an einem 74 m hohen Bergrücken. Schauen Sie sich die zahlreichen Fachwerkhäuser, die Schloßruine, den Bergfried, den Mühlenturm und die Schloßkapelle an. Liedberg hat mehrere Auszeichnungen im Wettbewerb „Unser Dorf soll schöner werden" erhalten - wen wundert´s.

Schloß Liedberg

Schloß Liedberg geht auf die 1166 erstmals urkundlich erwähnte Burg Liedberg zurück. 1279 diente sie als kurkölnische Schutzburg.
Der Kernbau des heutigen Schlosses stammt aus dem 14. Jh. Die übrigen Teile datieren aus dem 17. Jh. Besichtigungen sind nur nach Absprache möglich: Tel. 02166-87993.

Martins-
hütte

gbrück

Bf Kleinenbroich

RSCHENBROICH

Kleinen-
broich

Pescher

Engbrück

A 7

K 4

Kleinenbroicher Str.

Konrad-Adenauer-

Haus-
Randerath-Str.

Raitz-von-Frentz-Str.

Pesch

Überseite

K 4

Liedberger Str.

Mevishof

Jüchener Bach

Drölsholz

Drölsholz

X 3

Wasser

An der Mühle

B 230

A 10

Drölsholz

Haus
Raedt

Hilde-
gundisstr.

Haus Kutscher

Schlich

Haupfstr.

hausen

Steinhausen

Landstraße

X 3

A 10

Schloß-
str.

Liedberg

Schlich

Schloßkapelle

Römerwachturm

Haus
Fürth

Kommerbach

ab: 1: 29 000

0   500 m

Info
Für Familien mit Kindern ist diese Tour geeignet; Kinder können im Gartenschau-Gelände spielen.

Vollrather Höhe
Ehemals als Abraumhalde des Braunkohlentagebaus genutzt, ist die Vollrather Höhe heute attraktives Naherholungsgebiet. Mit 187 m ist sie die höchste künstliche Erhebung im Kreis Neuss; sie erstreckt sich auf einer Fläche von 6 Quadratkilometern.

Wärmekraftwerk
2400 Megawatt leistet das Wärmekraftwerk Frimmersdorf. Um diese enorme Leistung zu gewährleisten, werden täglich 60.000 Tonnen Braunkohle benötigt.

Landesgartenschau
1500 Veranstaltungen an 170 Tagen bietet die Landes-gartenschau; DM13,–/8,–, Familien DM 30,–. Die Gartenschau ist tgl. geöffnet vom 8.4. bis 24.9.95, 10-18 h. Info-Tel. 02181-650128/9.

Sie wandern im Land der Superlativen. Die Technik des Braunkohlentagebaus und das bunte Blumen-Meer in der Landesgartenschau wird sie verblüffen und begeistern.

An- und Abfahrt Ⓗ Bf Grevenbroich
DB-Linien 80, 81; Bus 858, 869, 872, 877, 878, 879, 094, 095

Streckenlänge: ca. 13 km (ca. 3.30 Std.)

Start:
Vom Bahnhof aus folgen Sie der Bahnstraße und den Ostwall bis zum Eingang 2 (Ostwall/Rathaus) der Landesgartenschau. Hier beginnt der Weg **A5**. Das Zeichen begleitet Sie auf dem ganzen Weg.

20 min:
Über den Steinweg, die Karl-Oberbach-Straße und Am Ständehaus geht es zur Südstadt.

35 min:
Die Südstadt. Wenn Sie hier flott durchmarschieren, sind Sie umso schneller im Grünen.

50 min:
Nach Überqueren der Autobahn A540 liegt die Vollrather Höhe vor Ihnen. Zunächst geht es an ihren Nordostrand entlang bis Allrath.

1.15 Std:
Sie erklimmen nun allmählich die **Vollrather Höhe**.

2 Std:
Von der ehemaligen Abraumhalde bieten sich Ihnen atemberaubende Aussichten ins Braunkohlen-tagebaugebiet. In südwestlicher Richtung arbeitet das **Kraftwerk Frimmersdorf**.

2.30 Std:
Über Serpentinenwege sind Sie wieder am Fuße der Halde angelangt. Durch Neuhausen (Willibrordus-

straße, Königslindenstraße, Pötzplatz) gelangen Sie
zum Ufer der Erft.

2.50 Std:

Petri heil, das Ufer der Erft ist erreicht. Sie folgen dem
Fluß abwärts bis zur Innenstadt und dem südlichen
Gartenschau-Gelände.

3.30 Std:

Sie sind wieder am Ausgangspunkt Eingang 2
Ostwall/Rathaus. Gönnen Sie sich noch ein paar
Stunden in der **Landesgartenschau**.

Restaurant Auf dem
Gelände der
Landesgartenschau wird
es Ihnen nicht schwerfallen,
sich mit Kaffee und Kuchen
zu stärken. Auswahl an
Cafés und Restaurants
besteht reichlich.

Gigantische Schaufelradbagger im Tagebau

Maßstab: 1: 28 000

250   500 m

Vom Nato-Hauptquartier zum Hariksee

IHQ ist der ungewöhnliche Name eines nicht alltäglichen Stadtteils und bedeutet: International Headquarter. Hier heißen die Straßen Queens Avenue, Wellington Road und Cambridge Drive. Am Wege liegen „super market", „school" und „post office".
Vom IHQ aus geht es durch das Tal der Schwalm, das mit zahlreichen alten Mühlen aufwarten kann. Zum Schluß bietet sich noch ein Abstecher zum Hariksee im Naturpark Maas-Schwalm-Nette an.

Anfahrt Ⓗ HQ-APO des IHQ (Mönchengladb.)

Bus 023 von Mönchengladbach Hbf:
DB-Linie SE3, SE4, S8, 30, 77, 80 sowie zahlreiche Buslinien

Abfahrt Niederkrüchten-Brempt

Bus 013 Richtung Mönchengladbach

Streckenlänge: 15 km (ca. 3.45 Stunden), Abbruch nach 12 km (3 Stunden) möglich

Start:

Links, zwo, drei, vier: Sie verlassen an der Haltestelle HQ-APO (erster Halt nach Herdter Hof) den Bus und gehen auf der Queens Avenue quer durch einen Stadtteil, der wie ein britischer Ort anmutet. Englische Bezeichnungen, Autokennzeichen und der fremdartige Baustil versetzen den Wanderer in eine ungewohnte Welt.

25 min:

Wenn Sie Glück haben, wünscht Ihnen der MG-bewehrte Posten beim Verlassen des IHQ: „Have a nice day". Nach Überschreiten des Hellbachs biegen Sie an der nächsten Straße links ab. Kurz darauf treffen Sie an der einsamen Waldstraßenkreuzung auf den Hauptwanderweg X4 des Vereins Niederrhein. Bis zum Hariksee bleiben Sie auf diesem Weg, der zunächst geradeaus weiterführt.

QUEENS AVENUE

...in good old Germany

...und ewig dreht sich das Lüttelforster Mühlrad

1.10 Std:

Durch das Schwaamer Bruch, eine Sumpflandschaft mit seltener Flora, sind Sie zur **Schwalm** gelangt. Nun liegt Ihnen das Dörfchen Schwaam zu Füßen. Witzig wirken die zahlreichen Rieddachhäuser in dem Örtchen.

1.40 Std:

Direkt an der Schwalm entlang führt nun der Weg durch Piecksbruch und Slipsbachaue zur Gennekesmühle.

2.00 Std:

Halt, hier ist ein Abstecher zur prächtigen **Lüttelforster Mühle** angesagt. Danach geht es weiter mit **X4**. Über **Pannenmühle** und Radermühle kommen Sie zum Ortseingang von Brempt.

3.00 Std:

Wer abbrechen will, wandert auf der Kahrstraße nach links. Recht bald erreichen Sie die Bushaltestelle in Brempt. Die Unermüdlichen setzen ihren Weg mit dem Zeichen **A11** fort, vorbei am Campingplatz und über sandige Hügel zum Hariksee.

3.20 Std:

Sie umrunden nun den **Hariksee**. Der See bietet Wasserratten vielfältige Aktivitäten und Spaziergängern ruhige Wege und schöne Einkehrmöglichkeiten. An der **Mühlrather Mühle** (nördliches Ende) geht es am jenseitigen Seeufer zurück nach Brempt.

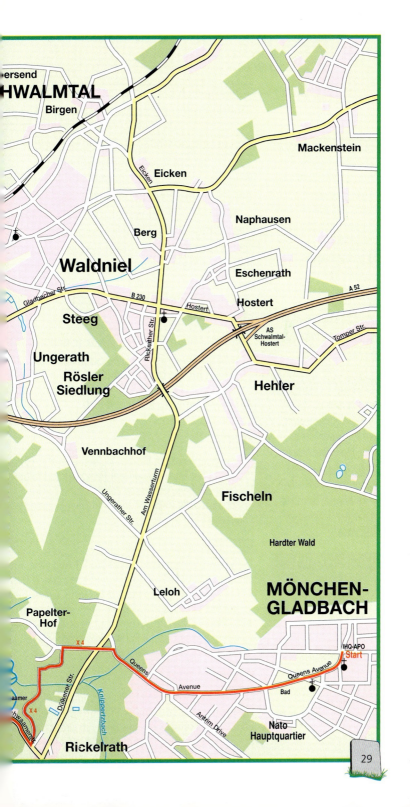

Grenzgänge

Ein Besuch bei holländischen Nachbarn
Rundwanderung ab Niederkrüchten-Elmpt

Info

Die sandigen Heideböden erfordern festes Schuhwerk. Es gibt keine Einkehrmöglichkeit unterwegs. Die Tour kann nicht abgekürzt werden und ist daher eher für geübte Wanderer geeignet. Bitte im Heidegebiet die Wege nicht verlassen und nichts pflücken (Naturschutzgebiet!). Wichtig: Personalausweis nicht vergessen.

Am schönsten ist´s ...

Am schönsten ist die Tour zur Heideblütezeit, etwa zweite Augusthälfte bis Mitte September. Kenner schätzen aber auch eine Wanderung im Winterhalbjahr durch eine Landschaft von karger Schönheit und Einsamkeit.

Elmpt

Vielleicht werfen Sie in Elmpt einen Blick auf die Burganlage Haus Elmpt. Der Sitz eines geldernschen Ministerialen, 18 Jh., ist heute noch bewohnt.

Von außergewöhnlicher Schönheit ist die Tour in ein entlegenes VRR-Gebiet: Sie wandern durch niederrheinische Waldungen und einsame Heidegebiete zur Provinz Limburg/NL - für den Naturfreund genau das richtige. Bezaubernde kleine Seerosenteiche inmitten der kargen Heidelandschaft lassen Romantikerherzen höher schlagen.

An- und Abfahrt Ⓗ Heinrichstr. (Nderkr.-Elmpt)
Bus SB83, 013

An- und Abfahrt Ⓗ Wilhelmstr. (Nderkr.-Elmpt
Bus SB88: SB-Linien nur Mo-Sa bis ca. 15.45 h,
Bus 013: Mo-Sa bis 21.40 h, So 22.35 h

Streckenlänge: 15 km (ca. 4 Std)

Start:

Pack´ ma´s! Verlassen Sie den kleinen Grenzort Elmpt (Straße In der Furt) in südlicher Richtung und folgen Sie dem Zeichen **A9**. Dieses Zeichen führt Sie im Bogen durch die wellige Landschaft hinein in den Grenzwald.

30 min:

Sie haben die Hauptwanderstrecke **X1** und eine einsame Bahnstrecke gekreuzt und erreichen 200 m weiter die Staatsgrenze der Niederlande. Gehen Sie geradeaus weiter und lassen Sie den Grenzgraben links liegen. Während Sie noch auf deutschen Pfaden wandern, läuft der linke Parallelweg schon auf niederländischem Staatsgebiet.

50 min:

Nach links geht´s jetzt auf einem schmalen Pfad ins Nachbarland. **Achtung**: Der Pfad ist nicht leicht zu erkennen. Er führt nach links über die Grenze, vorbei am Hinweisschild der Grenzbehörde in Geldern („Übergang für Fußgänger! Nur bis Sonnenunterga

benutzen!"). Sie wandern nun parallel zum Grenzverlauf. Einst waren diese Wege berüchtigt als „Schmugglerpfade". Die Büsche links und rechts gaben den Grenzschiebern Sichtschutz.
Sie nähern sich immer mehr der Heide: Die Flecken mit Erika-Bewuchs werden immer größer.

1.30 Std:

Ein romantischer Heideweiher (Elfenmeer, von niederl. meer=Moor, Binnensee) liegt links am Weg. Umgeben von sanften Höhen und weiten Heide-flächen, lädt er zu kurzer Rast ein. Hier werden Sie in etwa einer Stunde auf dem Rückweg nach Elmpt wieder vorbeikommen.

1.50 Std:

Am Parkplatz Elfenmeer biegen Sie scharf nach rechts ab. Sie wandern auf dem Weg Grote Herkenbosser-baan.

2.10 Std:

Sie stoßen auf den zweiten Heideweiher. Biegen Sie rechts ab, zurück Richtung Elfenmeer.

2.30 Std:

Ein gewundener Heidepfad, der parallel zum Grenz-bach verläuft, hat Sie zurück zum Elfenmeer ge-bracht. Jenseits der Grenze beherrscht der dichte Elmpter Wald die Landschaft. Der folgende Weg leitet Sie wieder zum einsamen Grenzübergang

Heide

Die Heide ist eine offene Landschaft auf nährstoffar-men Böden mit typischer Vegetation aus Zwerg-sträuchern, meist durch Roden von Wäldern und anschließender Überweidung entstanden.

iederkrüchten bietet alles: Wasser, Wald und Wanderwege

(Schild!), den Sie vor gut einer Stunde schon mal in entgegenge- setzter Richtung passiert haben - so schnell geht das.

3.00 Std:

Vom Grenzweg am Waldrand biegen Sie links in den Wald ein. Im Rechtsbogen und leicht bergauf spazie- ren Sie nun gemütlich durch den Elmpter Grenzforst.

3.20 Std:

Versteckt im Wald, teilweise unterirdisch und durch Grasdächer getarnt, liegen links die Anlagen eines Militärflugplatzes. Für diejenigen, die in der Woche hier wandern, ist der Flugbetrieb unübersehbar, vor allem aber unüberhör- bar.

4.00 Std:

Der Ausgangsort Elmpt ist erreicht und damit das Ende Ihrer Tour. Für die Rückfahrt steigen Sie in einen Bus in Richtung Viersen oder Mön- chengladbach.

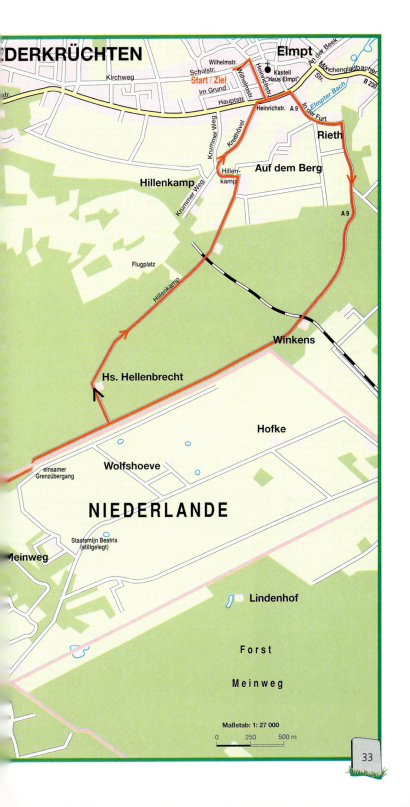

Erholung pur

Rundwanderung in Kaarst

Kaarster See

Der Kaarster See ist ein Naherholungsgebiet, in dem Sport großgeschrieben wird. Spielplätze, ein Freibad und ein Trimm-dich-Gelände stehen Ihnen zur Verfügung.

Kaarst bildet den Ausgangspunkt einer bequemen Tour durch Wald und Flur. Einfaches Wandern und Geniessen der niederrheinischen Weiten ist angesagt. Wer es lieber aktiver mag, trimmt zum Kaarster See. Hier kommen Wasserratten voll auf ihre Kosten.

An- und Abfahrt Bf Kaarst

DB-Linie 82; Bus 826, 829, 862, 863

Streckenlänge: 12 km (ca. 3 Std.)

Start:

Gehen Sie bis zur Kreuzung zurück, dann rechts über die Bahn in die Kaarster Straße und wieder rechts in den Schwarzen Weg.

10 min:

Am Martinusplatz biegen Sie rechts in die Waldenburger Straße und nach 200 m in die Parkstraße ein. Am Ende geht´s durch die Straße Am Duffespohl.

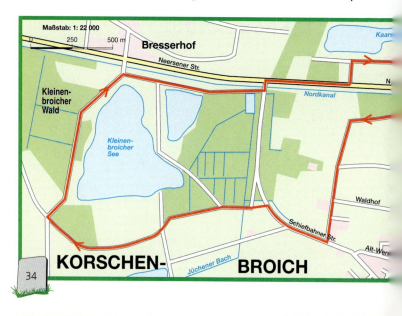

Maßstab: 1: 22 000

250   500 m

Bresserhof

Neersener Str.

Kaars

Kleinen-broicher Wald

Nordkanal

N

Kleinen-broicher See

Waldhof

Schiefbahner Str.

Alt-Wer

KORSCHEN-   BROICH

Jüchener Bach

20 min:

Sie haben den Rand des Kaarster Stadtteils Vorst erreicht. Hier biegen Sie rechts ab in die Straße Am Holzbüttger Haus. Richtung: Röschelter Wald.

50 min:

Hinter dem Waldgebiet zweigen Sie links in einen Feldweg ab. Sie wandern quer durchs Ackerland zum Waldhof und weiter zur Schiefbahner Straße.

1.15 Std:

Sie gehen auf der Schiefbahner Straße. Nehmen Sie den zweiten Abzweig nach links und wandern Sie in Richtung Kleinenbroicher See.

Relaxen am Kaarster See

1.45 Std:

Sie haben das Westufer des Sees erreicht. Kurz vor der Landstraße geht es rechts ab. Am Nordkanal spazieren Sie bis zur Schiefbahner Straße.

2.10 Std:

Sie überqueren den Nordkanal. Gehen Sie auf der Neersener Straße, bis links die Zufahrt zum Kaarster See kommt. Sie sind nun auf dem Weg zum Freibad.

2.25 Std:

Am Südufer des Kaarster Sees erreichen Sie die Straße Am Kaarster See. Sie folgen ihr nach rechts und erreichen über die Biberstraße Kaarst.

2.45 Std:

Sie treffen auf die Gustav-Heinemann-Straße. Hier biegen Sie rechts ab und kommen zur Neersener Straße, die Sie in 15 min zum Bahnhof Kaarst führt.

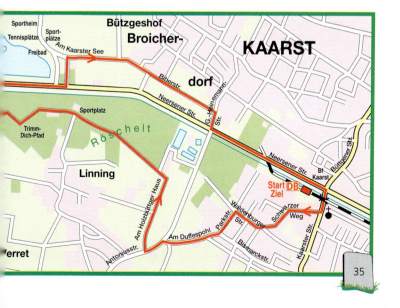

Spuren der Urzeit

Von Viersen-Dülken nach Viersen-Süchteln

Info

Mit kleinen Kindern sollte man an passender Stelle abbrechen, z. B. an der Hindenburgstraße (2.00 Std; Bus 064, 067, 074) oder an der Horionstraße/Klinik (2.50 Std; Bus 083).

Wildgehege

Das Wildgehege auf den Süchtelner Höhen liegt etwas abseits des Weges **X3** und hat einen gemeinsamen Ein- und Ausgang - für einen kleinen Rundgang also optimal.

 Waldrestaurant Schroers, Süchtelner Höhen 4, Viersen, Tel. 02162-6124. Mo-Mi, Sa 14-23 h, So 11.30-23 h, Do, Fr Ruhetag.

Irmgardiskapelle

Die Kapelle wurde von Irmgardis, Gräfin von Aspel, auf dem Heiligenberg errichtet. Die Höhen wurden früher als Kult- und Opferstätte, später zur Heiligenverehrung genutzt. Noch heute ziehen die Gläubigen in der ersten Septemberwoche eines jeden Jahres zur Kapelle.

Vor 65 Millionen Jahren begann es: das Zeitalter des Tertiär. Die Gestalt der Kontinente und Ozeane entstand in dieser Ära. Ein paar Zeitzeugen der Epoche sind Ziel unserer Tour: die Süchtelner Höhen.

Anfahrt Bf Dülken
DB-Linie 80

Abfahrt Busbahnhof Süchteln (Viersen)
Bus 009, 019, 064, 066, 067, 074, 083

Streckenlänge: 14 km (ca. 3.30 Std)

Start:
Am Bf Dülken wenden Sie sich nach links und kommen zur Bürgermeister-Voss-Allee. Hier geht es nach links auf den Weg **X10** des Vereins Niederrhein.

15 min:
Durch den Stadtgarten führt Sie der Weg **X10**.

40 min:
Hinter der Autobahnbrücke gehen Sie auf dem Aachener Weg weiter. Der **X10** zweigt links ab, Sie entscheiden sich aber für den zweiten Weg nach links

50 min:
Der Bismarckturm steht vor Ihnen. Südlich des Turms verläuft der Weg **X3**.

1.15 Std:
Im Wald Hoher Busch gehen Sie am **Wildgehege** vorbei. Sie kommen zum **Restaurant Schroers**.

1.35 Std:
Mit **X3** kreuzen Sie im Wald die Wege **A3/A4**. Ein kleiner Abstecher bringt Sie zur **Irmgardiskapelle**.

2.00 Std:
Sie überqueren die Hindenburgstraße und biegen nach ca. 500 m links in den Dornbuscher Weg ab.

2.30 Std:

Am Abzweig Harffweg verlassen Sie den Weg **X3**. Das Zeichen **A5** führt Sie nach rechts weiter bis zur Horionstraße. Hier können Sie mit dem Bus 083 nach Süchteln, Viersen oder Dülken fahren.

2.50 Std:

Unermüdliche bleiben auf dem Weg **A5** und kommen zum Süchtelner Ortskern.

Restaurant Wachlin, Hindenburgstraße 150, Viersen, Tel. 02162-6329. Öffnungszeiten: Tgl. 11-23 h, montags Ruhetag.

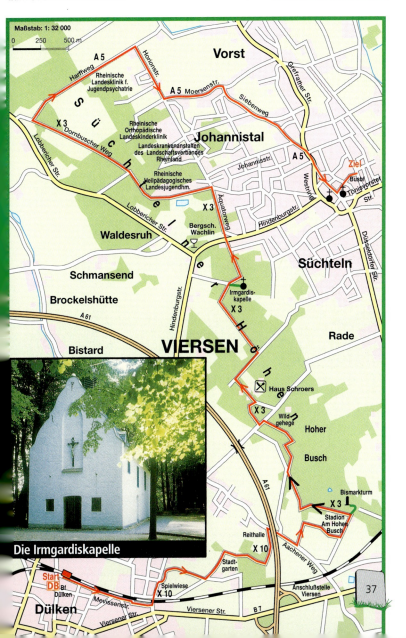

Die Irmgardiskapelle

Schluff & Schluffen

Von Krefeld-Inrath zum Hülser Berg und mit der Bimmelbahn zurück

Schluff - so nennt man in Krefeld liebevoll die schnaufende Museumsbahn. Sie verbindet das Erholungsgebiet Hülser Berg mit der Innenstadt. Doch zuvor geht es auf den eigenen „Schluffen" durchs Krefelder Grün - bis zum Hülser Berg.

Anfahrt Ⓗ Moritzplatz (Krefeld-Inrath)
Straßenbahn 044; Bus 061, 066, 069, 076, 077, 079

Ziele der Dampfbahnfahrt
Bf Krefeld Nord:
Straßenbahn 044; Bus 066, 069, 076, 077, 079 ab Oranierring; Bus 057 ab Hubertusstraße

Bf Sankt Tönis, Ⓗ Wilhelmplatz:
Straßenbahn 041; Bus 062, 064, 068

Streckenlänge: 10 km (ca. 2.30 Std)

Start:
Volldampf voraus am Moritzplatz: Sie spazieren an der Pauluskirche vorbei durch den Wilmendyk. Dyk (Deich) heißen in Krefeld viele Wege. Ehemals waren einige Gebiete um Krefeld versumpft. Um das Land dennoch bewohnbar zu machen, wurden Straßendämme - Dyks - gezogen.
Jenseits der B9/509 biegen Sie links ab und gehen durch den Leykesdyk bis zum Hökendyk.

20 min:
Gegenüber der Reitanlage führt ein Pfad schräg links in den Wald. Nach 100 m treffen Sie auf die Wanderstrecke **X2** des Vereins Niederrhein. Folgen Sie dem Zeichen nach links.

40 min:
Mit dem **Sprudeldyk** betreten Sie das Sumpfgebiet Hülser Bruch. Schräg links, in etwa 500 m Entfernung sehen Sie den **Inrather Berg**. In Höhe des Berges

---

Infokasten
Für Familien mit Kindern geeignet (vorwiegend eben, Spielplätze und Tiergehege am Hülser Berg).

Achtung Bus
Falls die Dampfbahn Ruhetag hat, fährt Sie der Bus 060 ab Hülser Berg zur Innenstadt.

Inrather Berg
87m hoch ist der Inrather Berg. Nach dem 2. Weltkrieg wurde er aus Trümmerschutt errichtet. Der Volksmund weiß das zu würdigen: er nennt ihn Mont Klamott.

 Krefelder Sprudel, Sprudeldyk 12, Krefeld, Tel. 02151-753979. Tgl. geöffnet von 11-21 h. Ausflugsgaststätte im Grünen, ehemalige Mineralwasserquelle.

Achtung Aufstieg
Wer den Aufstieg meiden will, kann den Hülser Berg links auf dem Talring umgehen und dabei das Wildgehege besuchen.

11

Rastplatz

Hülser Berg

Direkt am Hülser Berg hätten Sie vor Jahrhunderten zur Erfrischung die Füße im Rhein kühlen können. Irgendwann verlegte Vater Rhein jedoch sein Bett um ca. 10 km ostwärts und hinterließ die Niepkuhlen, ein Altrheingebiet, das Sie von den Höhen aus sehen können.

Schluff

Verkehrszeiten des „Schluff": Sonn- und feiertags ab 1.5.95 bis Anfang Oktober um 12.30, 15.45 und 18.00 Uhr. Fahrzeit bis Krefeld-Nord 35 min, bis St. Tönis 50 min, Fahrpreis: DM 6,–/3,–, bzw. DM 8,–/4,–. Auskunft Städtische Werke Krefeld AG, St. Töniser Str. 270, Krefeld, Tel. 02151-984482 (Mo-Do 7-15 h, Fr 7-12.30 h), Nikolausfahrten im Dezember.

biegen Sie mit dem Weg **X2** rechts ab und wandern im Bogen durch das östliche Bruch.

1.30 Std:

Sie haben den **Hülser Berg** erreicht. Der **X2** führt Sie hoch. Am Hülser Berg gibt es eine Menge Ausflugslokale: Parkschlößchen, Talring 110, Krefeld, Tel. 02151-735125 (Café). Bergschänke, Rennstieg 1, Krefeld, Tel. 02151-730511. Talschänke Hülserberg, Talring 116, Krefeld, Tel. 02151-735832.

1.50 Std:

Es ist geschafft. Die Höhe ist erreicht. Picknickplätze, ein eiserner **Aussichtsturm** und (falls Sie noch Energiereserven haben) ein Trimm-dich-Pfad sind zur Stelle. Der Blick schweift weit in die niederrheinische Landschaft, über Altrheingebiete und landwirtschaftliche Flächen hinweg zu den Industriezentren am Rhein.

2.30 Std:

Die Höhenwanderer haben nun auf dem Rennstieg (Kammweg des Hülser Berges), die Flachläufer (siehe Hinweis: Achtung Aufstieg) auf dem Talring den Bahnhof Hülser Berg erreicht.
Sie haben jetzt die Wahl: Entweder „schluffen" Sie per Bimmelbahn zurück zur Stadt (Fahrzeiten siehe Info) oder Sie nehmen den Bus 060.
Wer noch wanderlustig ist, hält sich an den Lookdyk. Sie gelangen westwärts nach Krefeld-Hüls mit Anschluß Richtung City (Dauer ca. 1 Stunde bis Hüls Mitte).

Ein ganz besonderes Vergnügen: die Schluff-Ba...

Seen sehen

Von Moers nach Duisburg-Rumeln

Flachlandtiroler kommen voll auf ihre Kosten: Ohne Steigungen geht es von der alten Grafenresidenz Moers zu den Baggerseen im Duisburg-Moerser Grenzbereich. Manche der Seen sind heute umgewandelt in beliebte Naherholungsgebiete mit Sport-, Spiel- und Spaziermöglichkeiten.

Anfahrt Bf Moers

DB-Linie 98 (VRR-Tarif); Buslinien sind nicht im VRR-Tarif

Abfahrt 15-km-Tour: Bf Rumeln

DB-Linie 98; Bus 923

Abfahrt 11-km-Tour: Bf Trompet

DB-Linie 98; Bus 924

Streckenlänge wahlweise 11 km (ca. 3 Std) oder 15 km (ca. 4 Std)

Start:

Der erste Schritt zum kühlen Naß: Vom Bahnhof **Moers** gelangen Sie über die Homberger Straße zur Altstadt.

15 min:

Am Königlichen Hof betreten Sie die historische Altstadt mit Fachwerkhäusern und Resten der einstigen Festungswerke. Über Altmarkt und Kastell gehen Sie zum **Schloß**.

40 min:

Nachdem Sie das Schloß auf dem Friedrich-Wintgens-Weg hinter sich gelassen und die alten Festungsgräben überquert haben, führt der Weg durch einen herrlichen Park- und Waldgürtel. Im Verlauf des Moersbachs folgen nacheinander der Stadtpark, der Freizeitpark mit zahlreichen Sportanlagen, der japanische Garten und das Grüngebiet Bettenkamp. Etwas für die Kleinen: der Streichelzoo im südlichen Freizeitparkgelände.

Moers

In Dokumenten um das Jahr 100 wird das Römerkastell Asciburgium (heutiger Ortsteil Asberg östlich der Altstadt) erwähnt. Der Name Moers erscheint erstmals im 9. Jh. in Schriften der Abtei Werden. Seit Ende des 12. Jhs ist Moers Stammsitz der Grafen von Moers. 1300 erhielt der Ort die Stadtrechte. Die Spanier bauten Moers im 16 Jh. zur Festung aus. Im 17. Jh. verstärkte Prinz Moritz von Nassau-Oranien die Mauern. 1746 stand die Schleifung der Anlagen auf dem Programm.

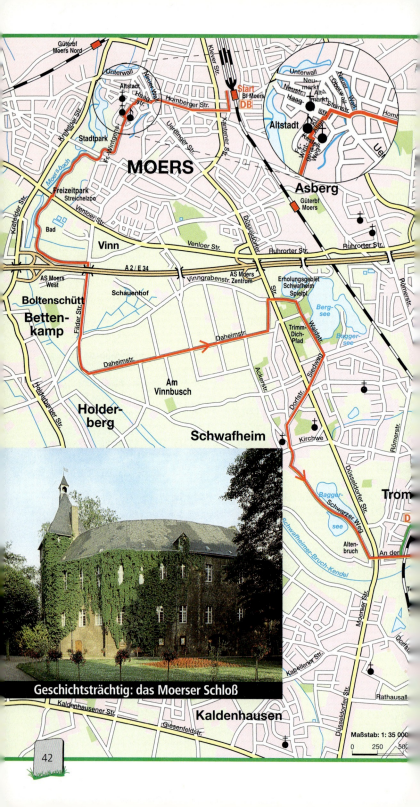

Geschichtsträchtig: das Moerser Schloß

Maßstab: 1: 35 000

0   250   500

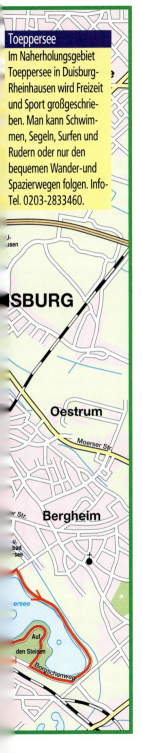

Toeppersee

Im Naherholungsgebiet Toeppersee in Duisburg-Rheinhausen wird Freizeit und Sport großgeschrieben. Man kann Schwimmen, Segeln, Surfen und Rudern oder nur den bequemen Wander-und Spazierwegen folgen. Info-Tel. 0203-2833460.

SBURG

Oestrum

Moerser Str.

Bergheim

1.15 Std:

Parallel zur Filder Straße gehen Sie auf dem Grafschafter Rad- und Wanderweg, einer ehemaligen Bahntrasse. Am Niederfeldweg biegen Sie zweimal links ab und kommen auf die schnurgerade Daheimstraße.
Verstreute Einzelhöfe, Landwirtschaft und Gärtnereien kennzeichnen das Gebiet, das einst vom Rhein durchflossen wurde. Übriggeblieben sind die Altrheinarme und die Kiesbänke. So entstanden die reizvollen Baggerseen.

2.00 Std:

An der Vinngrabenstraße kreuzen Sie die B57 (Düsseldorfer Straße) und kommen zu den drei Baggerseen. Auf einem Trimm-dich-Pfad, mehreren Spielplätzen und weiteren Spazierwegen können Sie zeigen, was in Ihnen steckt.

2.45 Std:

Über Waldstraße, Siedweg und Dorfstraße erreichen Sie das zweite, kleinere Baggerseegelände am Schwarzen Weg.
Am Hof Altenbruch haben Sie die Wahl: Entweder Sie gehen zum Bahnhof Trompet (über die Straßen An der Cölve und Neustraße), oder Sie wandern weiter zum Erholungsgebiet Toeppersee. Es ist die größte Baggerseelandschaft dieser Tour.

3.00 Std:

Sie wandern am Frei- und Wellenbad vorbei. Im Nu haben Sie auf dem Lohfelder Weg den Toeppersee erreicht. Gemütlich umrunden Sie das Freizeit-Gelände. Das Ziel der Tour ist der Bf Rumeln.

Museum im Schloß

Grafschafter Museum im Moerser Schloß: römische Funde, Geschichte von Stadt und Grafschaft, bürgerliche und bäuerliche Wohnkultur, Volkskunst der Gegend, Möbel, niederrheinische Töpferware, Puppenstubensammlung. Geöffnet Di-Fr 9-18 h, Sa/So und feiertags 11-18 h, Eintritt DM 2,–/1,–. Grafschafter Museum, Kastell 9, Moers, Tel. 02841-28094.

Ruhrgebiet

Die Ruine der Burg Blankenstein grüßt über dem romantischen Ruhrtal. Überbleibsel aus einer Zeit, in der an der Ruhr noch Dörfer und kleine Landstädtchen inmitten weiter Wälder und Wiesen lagen. Heute ist das Ruhrrevier eine Region der interessantesten

egensätze: Kunst und Kohle, Nostalgisches und Modernes,
ulsierende Städte und stille Flecken Natur. Eine Landschaft, so
owechslungsreich und interessant wie die Menschen, die hier
ben und die das neue Gesicht des Ruhrgebiets prägen.

Das Tor zur Welt

Rund um den Duisburger Hafen

Wir schlagen Ihnen vor, diese Tour mit einer Hafenrundfahrt zu beginnen - und anschließend die ausgeruhten Beine auf Trab zu bringen.

Anfahrt U Rathaus (DU/westliche City)

Straßenbahn 901/ H Schwanentor, Bus 933, 934, 938

Abfahrt H Albertstraße (DU-Kaßlerfeld)

Straßenbahn 901

Streckenlänge: 9 km (ca. 2.30 Std)

Start (Hafenrundfahrt):

Ay, ay Käpt´n: Ihr bequemes, bewirtschaftetes Fahrgastschiff erwartet Sie am Steiger Schwanentor im Alt-Duisburger Hafen. Eindrucksvoll ist die Hubbrücke (mit Straßenbahn!).
Zunächst schippern Sie zum Rhein und dann flußabwärts in das Gewimmel der **Ruhrorter Häfen**. An der Schifferbörse verlassen Sie nach ca. 70 Minuten das Schiff. Besuchen Sie das **Museum der Deutschen Binnenschiffahrt**. Als Außenanlage sind zwei historische Schiffe aus dem letzten Jahrhundert zu besichtigen: Oscar Huber, der letzte Radschleppdampfer auf dem Rhein, und der Dampfbagger Minden.
Nach der Museums-Besichtigung kommen die Landratten wieder zum Zuge, die Wanderung beginnt: Folgen Sie Richtung Norden dem Uferweg bis zur nächsten Rheinbrücke.

10 min:

Von der Friedrich-Ebert-Brücke aus fällt der Blick auf die Mühlenweide am rechten

46

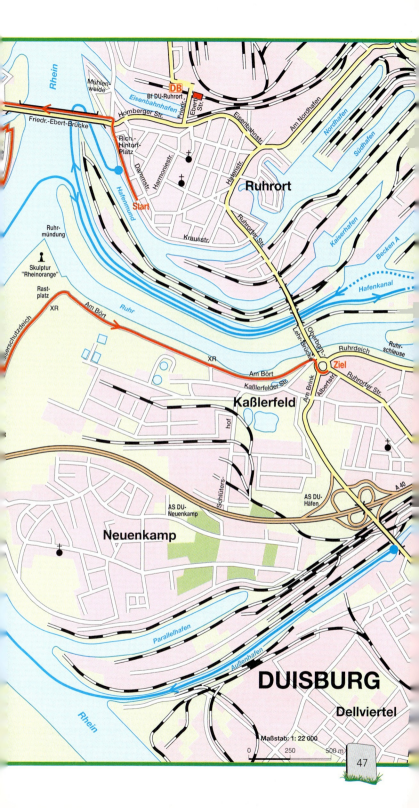

13

Hafenrundfahrt

Hafenrundfahrten von April bis Oktober (Info unter 0203-6040, DM 12,–/6,–). Wer nur mit dem Schiff fahren möchte, kann auch eine komplette Rundtour (Duisburg City - Ruhrorter Häfen - Duisburg City) unternehmen. Tagesfahrten nach Zons und Kaiserswerth auf Anfrage: DVG-Information, Harry-Epstein-Platz 10, Duisburg, Tel. 0203-6044545.

Duisburger Hafen

Der Duisburger Hafen ist der größte Binnenhafen der Welt. Die Kaianlagen des Hafens sind insgesamt 43 km lang.

Museum

Museum der Deutschen Binnenschiffahrt, Dammstraße 11, Duisburg, Tel. 0203-2833044. Di-So 10-17 h, DM 2,–/1,–.

Rastplatz

Tip des Tages: ein zünftiges Picknick an der Ruhrmündung mit Blick auf den regen Schiffsverkehr. Da schmecken die Brötchen doppelt gut.

Verwirrendes Labyrinth im Duisburger Hafen

Rheinufer. Musik liegt in der Luft, denn hier finden die Duisburger Hafenkonzerte und diverse Open-air-Veranstaltungen statt. Gegenüber liegt der Stadtteil Homberg, bis zum 31.12.74 eine selbständige Stadt.

30 min:

Am Homberger Eisenbahnhafen steht noch der alte Hebeturm. In ihm wurden früher Güterwagen „geliftet", um auf einer (mittlerweile demontierten) Bahnbrücke den Rhein zu überqueren. Bis vor kurzem beherbergte der Turm eine Jugendherberge. Der Weg führt rheinaufwärts am Homberger Ufer entlang bis zur Autobahnbrücke. Gegenüber sehen Sie der Reihe nach die Hafeneinfahrt, den Hafenkanal und die Ruhrmündung (mit der modernen Skulptur Rhein-orange).

1.15 Std:

Parallel zur BAB A40 überqueren Sie abermals den Rhein und gelangen nach Duisburg-Neuenkamp. Auf dem SGV-Hauptwanderweg **XR**, dem Ruhrhöhenweg, wandern Sie an der Ruhrmündung vorbei zur Oberbürgermeister-Lehr-Brücke in Duisburg-Kaßlerfeld. An der Ⓗ Albertstraße endet die Tour.

Wo der Ofen glühte

Von DU-Mitte nach DU-Neumühl

Zehn Jahre ist es her, daß in der Meidericher Eisenhütte die letzte Schicht gefahren wurde. Doch 1994 erlebte der Montanbetrieb eine einmalige Renaissance: zum Landschaftspark umgestaltet, dient das Werk heute als Denkmal, Kultur- und Freizeitstätte.

Anfahrt Ⓤ**-Bf Duisburg Rathaus**
Linie 901

Abfahrt Ⓗ **Theodor-Heuss-Str. (DU-Neumühl)**
Linie 903, 910

Streckenlänge: 12 km (ca. 3 Std)

Start:
Lomarsch: Sie verlassen den Ⓤ-Bf Richtung Rathaus, überqueren die Poststraße und folgen dem Wanderzeichen des Emscher-Park-Wanderweges **XE**. Sie

Anfahrt DU-Hbf

Sie können die Wanderung auch am Hauptbahnhof in Duisburg beginnen, ein Bummel durch die Fußgängerzone (Königstraße) führt zum Duisburger Rathaus.

Landschaftspark Duisburg-Nord: Zeuge industrieller Geschichte

14

Landschaftspark

Trotz der modernen Betriebsanlagen fiel das 1903 gegründete Thyssenwerk der EG-Stahlquotenregelung zum Opfer. Das war 1985. Nun entsteht auf der 200 ha großen Industriebrache der Landschaftspark Duisburg Nord. Folgen Sie dem ausgeschilderten Rundweg, unter, zwischen und neben den Hochöfen vorbei, über aufgeständerte ehemalige Rohrtrassen und durch neu angelegte Grünzonen. Wenn Sie sich führen lassen wollen: Samstags und sonntags beginnen um 14 und 16 h Führungen, im Winter nur um 14 h. Start am Hüttenmagazin. Tel. 0203-426482.

Hüttenmagazin

Die neue Industrieromantik: Ein gepflegtes Pils vor industrieller Kulisse - das Hüttenmagazin macht's möglich. Emscherstraße 71, Duisburg, Tel. 0203-421813. Bis April Di, Mi 11-17 h, Do-So 11-22 h. Ab April tgl. 11-22 h. Montags Ruhetag.

kommen durch den Torbogen des eindrucksvollen Rathauses und gehen in Richtung Innenhafen. Beachtenswert in der Umgebung sind die Tuffstein-basilika Salvatorkirche (15. Jh.) sowie Fundamente mittelalterlicher Häuser.

10 min:

Sie stehen vor dem Kultur- und Stadthistorischen Museum (Johannes-Corputius-Platz 1, Duisburg, Tel. 0203-2832656, DM 3,–/1,50). Reingehen oder nicht, das ist hier die Frage. Der Weg führt an ehemaligen Getreidespeichern vorbei. In nächster Zeit entstehen hier neue Dienstleistungszentren.

40 min:

An der Aakerfährbrücke kreuzen Sie den Ruhrhöhenweg (Zeichen **XR**, Quelle - Mündung, 240 km lang). Auf der anderen Ruhrseite angekommen, gehen Sie hinunter in die Ruhraue.

60 min:

Hinter dem Naturschutzgebiet Kolk folgen Sie dem Zeichen **XE** nach links.

1.30 Std:

In Duisburg-Obermeiderich erreichen Sie den Rhein-Herne-Kanal. Sie folgen dem Uferweg, erst auf der südlichen Seite, dann nördlich.

2.00 Std:

Über eine begrünte Halde wandern Sie entlang des Neubaugebiets Hagenshof.

2.20 Std:

Auf der anderen Seite der Neumühler Straße liegt der Ingenhammshof, ein Lehrbauernhof. Dieser ist bereits Teil des Landschaftsparks Duisburg Nord. Vor Ihnen liegt die Kulisse des Hüttenwerks.

2.30 Std:

Das Wanderzeichen **XE** weist nach rechts, Sie aber halten sich links und gelangen wenig später über die Emscherstraße zum **Hüttenmagazin**. Jetzt sind sie mittendrin im **Landschaftspark Duisburg Nord**. Nach Ihrer Runde durch die Montanindustrie gehen Sie auf gleichem Weg zurück zum Emscher Park Wanderweg **XE** (der Ausschilderung folgen). Sie wandern dann in einem weiten Bogen durch den östlichen Teil des Parks und sind bald an der Haltestelle der Straßenbahn.

51

Waldläufer

Von Dinslaken nach Bottrop-Grafenwald

Info

Zur Rast laden mehrere Schutzhütten in der Kirchheller Heide am Rotbach ein.
Einkehrmöglichkeit: Hüsken-Schroer Waldesruh, Dickerstr. 598, Dinslaken-Rotbach, 02064-90802, gutbürgerliche Küche. Tgl. 11-22 h, dienstags Ruhetag.

„Der Wald, der Wald! daß Gott ihn grün erhalt". Schauen Sie mit dem Dichter Eichendorff einmal im hiesigen Wald nach. Die Kirchheller Heide mit dem romantischen Rotbachtal ist eines der größten zusammenhängenden Waldgebiete im Ruhrgebiet und macht Bottrop zur waldreichsten Stadt im Revier.

Anfahrt Bf Dinslaken

DB-Linie 96; Achtung: Straßenbahn- und Buslinien verlassen bei der Anfahrt das VRR-Gebiet

Abfahrt Ⓗ Schneiderstr. (Bottrop-Grafenwald)

Bus CE 50, 261, 262, 278

Streckenlänge: ca. 14 km (ca. 3.30 Std)

Start:

Mit dem SGV-Wanderzeichen **X21** verlassen Sie den Dinslaker Bahnhof nach links und wandern bis zur Krengelstraße.

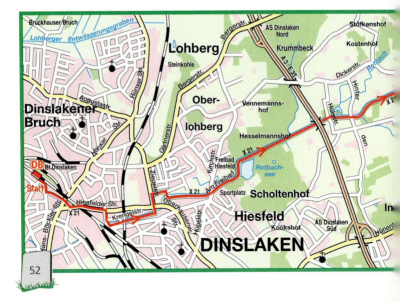

20 min:

Sie kommen zur Brücke an der Krengelstraße und gehen über den Rotbach. Dann biegen Sie links ab und spazieren am Bach entlang bis Hiesfeld. Hinter dem Freibad erreichen Sie schnell den Rotbachsee.

60 min:

Nachdem Sie den Rotbachsee im Uhrzeigersinn halb umrundet haben, gehen Sie am Rotbach-Ufer weiter.

1.50 Std:

Am Rande des Walddorfs Sträterei folgen Sie weiter dem Zeichen **X21** und überqueren den Rotbach. Danach biegen Sie rechts in die Dickerstraße ein, die in den Bohrlochweg mündet. Durch ausgedehnte Waldungen führt das Zeichen **X21**.

3.00 Std:

Die **Grafenmühle** ist erreicht. Die Landstraße, die Sie am Ausgang des Waldes überquert haben, heißt Alter Postweg und war jahrhundertelang die Post- und Handelsstraße Köln-Münster. Geführt vom Zeichen **X21**, können Sie den letzten Rest der Strecke in Angriff nehmen.

3.50 Std:

Sie wandern zunächst durch den Fernewald und dann in einem Bogen um die Siedlung Grafenwald. Schließlich erreichen Sie die B223 (Bottroper Straße). Hier besteht Busanschluß für Ihre Rückfahrt.

Restaurant Zur Grafen-mühle 145, Bottrop-Kirchhellen, Tel. 02045-2316. Tgl. geöffnet von 11-24 h. Weitere Gaststätten: Prockel-Isers-Mühl, Zur Grafenmühle 147, Bottrop-Kirchhellen, Tel. 02045-2511. Tgl. geöffnet von 12-24 h. Dienstags Ruhetag.
Haus Hötten, Alter Postweg 120, Bottrop-Kirchhellen, Tel. 02045-4770. Tgl. geöffnet von 11-1 h. In der Nähe der Gaststätten finden Sie mehrere Minigolf-Anlagen.

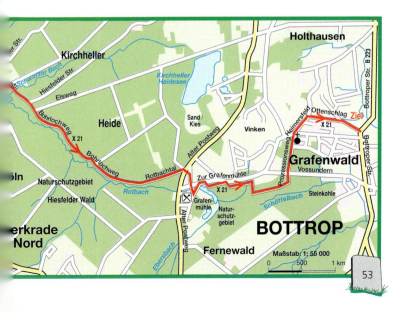

16

Wohl bekomm´s

Rundtour um Essen-Borbeck

Achtung

Wer die Gesamtstrecke scheut, kann am Bahnhof Essen-Gerschede mit der DB-Linie 9 zur Dampfbierbrauerei (Bf Essen-Borbeck, 2 min Fahrzeit) zurückfahren. Sie sparen 30 Wanderminuten.

Besuchen Sie eine der ungewöhnlichsten Brauereien in Deutschland: die Dampfbierbrauerei in Essen-Borbeck.
Doch vor das Bier haben die Götter den Durst gesetzt. Den bekommen Sie sicherlich auf dieser Tour: schöne Naturpfade, romantische Bachtäler und als Krönung das Schloß Borbeck mit seinen herrlichen Parkanlagen.

Anfahrt Ⓗ Bf Essen-Borbeck

DB-Linie 9; Straßenbahn 103, 143; Bus 150, 160, 170, 185, 186, 195

Abfahrt Ⓗ Bf Essen-Borbeck

Streckenlänge: 9 km (ca. 2 Stunden)

Start:

Benutzen Sie den Bahnhofsausgang Heinrich-Brauns-Straße (Bus-Bf) und wenden Sie sich halblinks in die Fürstäbtissinstraße. Dann geht es nach links in die Residenzaue und nach wenigen Metern haben Sie die gleichnamige Parkanlage erreicht.

Wasserschloß

Das Wasserschloß Borbeck (1227 erstmalig erwähnt) war Residenz der Essener Fürstäbtissinnen, deren Herrschaft 1803 endete. Das Schloß befindet sich heute im Besitz der Stadt Essen.

10 min:

Vorbei am Teich überqueren Sie die Schloßstraße und stehen direkt im Hof von **Schloß Borbeck**.
Zweigen Sie vor dem Spielplatz nach links ab. Am Ende der Aue nach rechts und 200 m später nach links ins Tal der Borbecke.

30 min:

In den Becken am Ende des Schloßparks wird das Wasser der drei Quellen der Borbecke gesammelt. Es geht bergauf bis zur Frintroper Straße, der Sie nach rechts ca. 100 m folgen.

40 min:

Nach rechts in den Rabenhorst und nach 100 m links in die Laarmannstraße. Jetzt heißt es aufgepaßt: Nach weiteren 100 m zweigt nach rechts ein Pfad ab

Der Weg führt hinab in den lauschigen Lunapark,
einst ein abendlicher Treffpunkt für alle, die Amors
Pfeil zu Flammen trieb. Sie erreichen das Tal des
Pausmühlenbachs.

50 min:

Sie überqueren die Schloßstraße und folgen geradeaus dem Wanderzeichen ◈.

60 min:

Durch eine abwechslungsreiche Talsenke kommen Sie
zur **Voßgätters Mühle**.

Voßgätters Mühle

In der Voßgätters Mühle
ließen die Essener Fürst-
äbtissinnen Korn malen, das
die Bauern - so war es
üblich - als Zehnten jedes
Jahr abliefern mußten.

1.10 Std:

200 m nachdem Sie die Straße Düppenberg über-quert haben, verlassen Sie nach links den Weg mit der Markierung ◆. Sie lassen den Spielplatz rechts liegen - wenn Ihre Kinder nicht Einspruch erheben. Dann gelangen Sie in die Karl-Peters-Straße, der Sie kurz nach rechts folgen. Nach 100 m geht es links ab in eine Parkanlage.

1.20 Std:

An der Gerscheder Straße zweigt der Weg nach rechts ab. Jetzt heißt es Kräfte sammeln und den **Woltersberg** erklimmen. Links und rechts des Weges standen früher Ziegeleien, um aus dem Lehmboden Steine zu brennen. Oben angekommen, liegt Ihnen das Emschertal zu Füßen. Tolle Aussicht.

1.40 Std:

Am Bergheimer Steig geht es hinab ins Barchembachtal mit seinen Feuchtgebieten. Halten Sie sich an das Zeichen ◆ bis zum Stenkamps Busch. Dann geht´s wieder bergauf, vorbei am Fachwerkhaus des Holbeckhofs.

Braukessel in der Dampfbierbrauerei

 Stern- und Dampf-bierbrauerei Essen-Borbeck, Heinrich-Brauns-Str. 15, Essen, Tel. 0201-670098/99. Die Brauerei öffnet mittags und schließt erst spät in der Nacht. Ruhetage gibt es nicht. Spezialitäten: Zwickel- und Salonbier, deftige Gerichte zum Bier. Sonntag mittags spielt eine Jazz-Combo auf, passend zum Brunch.

1.50 Std:

Folgen Sie dem Schnitterweg nach links. Gehen Sie dann weiter geradeaus in die Straße Möllhoven bis zum Stensbeckhof. Hier biegen Sie nach rechts und 100 m später nach links ab.

2 Std:

Im Pausmühlental gehen Sie nach links auf den scho bekannten Weg. Ca. 200 m hinter der Voßgätters Mühle überqueren Sie den Bach und wandern steil bergauf bis zur Flurstraße. Über einen begrünten Lärmschutzwall geht es hinab zur Bahnstrecke Bottrop/Essen.

2.05 Std:

Der Bahnstrecke folgen Sie nach rechts und gelange zur Heinrich-Brauns-Straße, wenige Meter weiter rechts liegt die Borbecker Dampfbierbrauerei. Na dann, Prost! Der Bf Borbeck ist schräg gegenüber.

Auf Halde

Von Essen-Katernberg nach Gladbeck

Der Bergbau ist in dieser Essener Region schon längst Historie. 1986 wurde Zollverein, die letzte Essener Zeche, stillgelegt. Unübersehbare Zeugen dieser Zeit sind die inzwischen rekultivierten Bergehalden, die imposante Ausblicke auf das Ruhrgebiet gewähren. Sie kommen am Gelände der für 1997 geplanten Bundesgartenschau in Gelsenkirchen vorbei. Endpunkt dieser aussichts(!)- reichen Tour ist das Wasserschloß Wittringen in Gladbeck.

Info

Für Familien mit Kindern ist die Tour bestens geeignet.

Rast-plätze: *Rastplatz*
Schurenbachhalde (1.15 Std),
Emscherpark (1.30 Std),
Halde 19 (2.35 Std),
Mottbruchhalde (2.55 Std).

Anfahrt Ⓗ **Katernberger Markt (Essen)**
Straßenbahn 107, 127; Bus 150, 170, 173, 183;
Ⓢ-Bahnhof Essen-Katernberg Süd: Linie Ⓢ 2

Abfahrt Ⓗ **Stadion (Gladbeck)**
Bus 188, 189

Streckenlänge: 16 km (ca. 4 Stunden)

's grünt so grün im Revier. Auch an der Schurenbachhalde

17

Rhein-Herne-Kanal

Seit dem 1. Dezember 1914 kann das Revier mit der verkehrsreichsten, künstlichen Wasserstraße Europas aufwarten, dem Rhein-Herne-Kanal. Mit einer Länge von 38 km verbindet er den Rhein bei Duisburg mit dem Dortmund-Ems-Kanal, südlich von Datteln.

Emscher

70 km lang ist die Emscher, die in Holzwickede entspringt und bei Dinslaken in den Rhein mündet. Seit einiger Zeit wird der „schwärzeste Fluß der Welt" renaturiert.

Restaurant **Restaurant** im Motel Gladbeck an der A2 (3.30 Std), Bohmertstraße 333, Gladbeck, Tel. 02043-6980, tgl. 12 -24 h.

Start:

Der Katernberger Markt bildet den Ausgangspunkt des Weges, der im gesamten Verlauf das Wanderzeichen ▶ des SGV hat.

1.15 Std:

Sie erklimmen die **Schurenbachhalde**. Schmale Pfade führen hinauf zur Haldenglatze. Hier wird noch immer Bergematerial angeschüttet. Am höchsten Punkt des Weges bietet sich ein imposanter Blick: Im Norden liegen Gladbeck und GE-Horst mit dem Gelände der Bundesgartenschau 1997. Im Uhrzeigersinn folgen GE-Heßler (mit der Halde Eickwinkel im Vordergrund) sowie die Gelsenkirchener City.

1.25 Std:

Sie überqueren den **Rhein-Herne-Kanal,** später die kanalisierte **Emscher.** Zuletzt gelangen Sie in den Karnaper Emscherpark.

2.15 Std:

Am nördlichsten Punkt der Stadt Essen: Die **Stinneshalde** der stillgelegten Stinnes-Zeche bietet eine schöne Aussicht auf Horst Mitte mit der Hyppolytuskirche.

2.35 Std:

Die dritte Besteigung führt Sie auf die **Halde 19** mit der markanten Seilscheibe der ehemaligen Zeche Mathias Stinnes. Sie stehen nun auf Gladbecker Boden. Von hier können Sie die weite Aussicht auf die Emscherniederung genießen.

2.55 Std:

Die künstliche Gebirgslandschaft der Gladbecker **Mottbruch**- und **Moltkehalden** bietet abwechslungsreiche Rundblicke. Hinab ins Tal der Boye erreichen Sie an der Kösheide münsterländisches Bauernland.

3.40 Std:

Durch den Wittringer Wald führt Sie der Weg zum Ziel der Wanderung, dem Wasserschloß Haus Wittringen. Das 1263 erstmals erwähnte Gebäude ir niederrheinischem Renaissancestil (1928 umgebaut) beherbergt eine Gaststätte (Burgstr. 64, Tel. 02043-26728, tgl. 11-22 h) und das Museum Gladbeck (Burgstr. 64, Tel. 02043-23029). Sehenswert ist auc das Aquarium auf der Schloßinsel.

Schiff ahoi

Von Essen-Werden nach Essen-Kettwig

Info

Für Familien mit Kindern geeignet. Unterwegs mehrere Rast- und Einkehrmöglichkeiten. Zahlreiche Cafés und Gaststätten jeder Art am Ziel in Kettwig.

Schifffahrt

Schiffahrt Kettwig-Werden von Mai bis Oktober (Mi, Sa, So und Feiertage) alle 2 Std (in den Sommerferien täglich und stündlich); Fahrten fallen bei anhaltendem Regen aus. Preise: Kettwig-Werden DM 7,–/3,–, Kettwig-Baldeneysee DM 9,–/4,50 (Info: Essener Verkehrs – AG, Zweigertstr. 34, Tel. 0201-8261849). Schiffahrt Kettwig-Mülheim von Mai bis Oktober (täglich) alle 2 Std (sonn- und feiertags stündlich). Preis: DM 7,–/3,50 (Info: Betriebe der Stadt Mülheim a.d.R., Duisburger Str. 78, Tel. 0208-4439128).

Eine Bootsfahrt, die ist lustig. Wer wollte dies bestreiten. Und wenn Sie dann noch vor der malerischen Kulisse des Ruhrtals schippern, ist die Tour perfekt. Doch zuvor gibt es auf dem Weg zur Anlegestelle noch eine Menge Natur zu genießen. Krönender Abschluß der Wanderung ist der Rundgang durch die Altstadt von Kettwig, ein wahres Kleinod im Ruhrtal.

Anfahrt Ⓢ-Bf Essen-Werden

Ⓢ6; Bus 169, 179, 180, 190; Bus SB19 hält nur am Werdener Markt

Abfahrt Ⓗ Kettwig Markt (Ortsmitte)

Bus 142, 151, 152, 190, 772, 774, oder Schiffahrt ab Stausee/Oberwasser Richtung Werden, ab Kettwig/Unterwasser Richtung Mülheim.

Streckenlänge: 10 km/2.30 Std (Werden - Kettwig mit Altstadtrundgang) bzw. 15 km/4 Std (Werden - Kettwig - Altstadtrundgang - Leinpfad - Werden)

Start:

Leinen los: Mit dem SGV-Wanderzeichen ◇2, das Sie auf Ihrer gesamten Wanderstrecke begleitet, wenden Sie sich vom Bahnhof Werden nach rechts. Sie gelangen unter der Straßenbrücke am Parkplatz vorbei zum Ruhrufer. Von drüben grüßen die Türme Werdens. Los geht's ruhrabwärts nach Kettwig.

20 min:

Auf der Ruhrhalbinsel steht das alte Wärterhaus der Papiermühlenschleuse. Ihren Namen hat sie von der früheren Papiermühle am jenseitigen Ufer. Heute finden Sie dort einen kleinen Uferpark mit Rastplätzen vor.
Der alte Schleusenkanal, über den eine Klappbrücke führt, ist nur noch teilweise vorhanden und dient

heute als Hafen für Bagger- und Inspektionsschiffe. Der Verlauf des Schleusenkanals Richtung Werden läßt sich noch am alten Baumbestand erahnen, der früher die Wasserstraße säumte.

30 min:

Am **Gasthaus Meckenstock am Staadt** verlassen Sie das Ruhrufer und gelangen in den ländlichen Essener Stadtteil Schuir.

1.15 Std:

Sie haben das Ruthertal passiert und steigen nun bergauf in den Kettwiger Stadtwald. Vom Aussichtspunkt **Auf der Kanzel** bietet sich ein wunderbarer Fernblick. Kaum zu glauben, was von dort oben alles zu sehen ist: nach Werden hin das Ruhrtal, die Golfplätze von Schloß Oefte und, über die niederbergischen Höhen hinweg, Essen-Heidhausen mit der Ruhrlandklinik, Velbert und Heiligenhaus.

Rast für Rückwanderer: Haus Meckenstock am Staadt hat einen großen Biergarten, Ruhrtalstr. 111, Essen-Werden, Tel. 0201-492277, Mo-Mi, Sa, So 11-22.30 h, Fr ab 15 h, donnerstags geschlossen.

Das malerische Kettwig mit seiner romantischen Altstadt

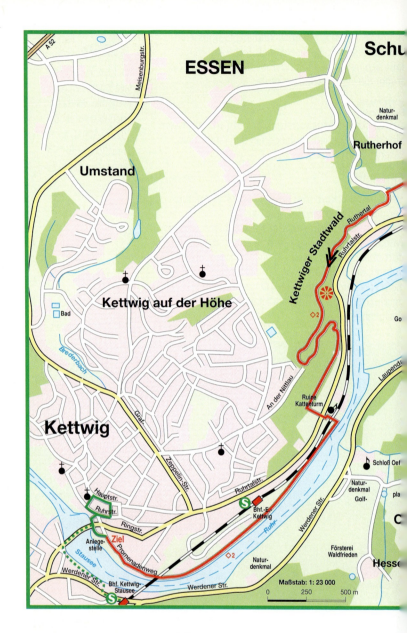

1.30 Std:

Bergab durch Feld und Wald haben Sie wieder das Ruhrtal erreicht. Nachdem Sie den Bahnübergang gekreuzt haben, stehen Sie nun am **Kattenturm**, dem Rest der schon lange verschwundenen Burg Luttelnau (= kleine Aue). Hier laden Cafés zur Rast ein, bevor es wieder am Ufer entlang nach Kettwig geht.

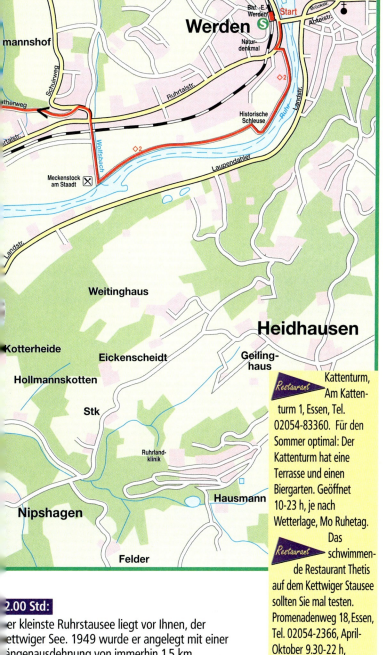

mannshof

Werden

Bhf.-E.-Werden Ⓢ

Start

Brückstr.

Abteistr.

Natur-denkmal

Schürweg

Ruhrtalstr.

◇2

Landstr.

Ruhr

Historische
Schleuse

therweg

◇2

Wolfsbach

Laupendahler

talstr.

Meckenstock
am Staadt ☒

Landstr.

Weitinghaus

Heidhausen

Kotterheide

Eickenscheidt

**Geiling-
haus**

Hollmannskotten

Stk

Ruhrland-
klinik

Hausmann

Nipshagen

Felder

Restaurant ◤ Kattenturm,
Am Katten-
turm 1, Essen, Tel.
02054-83360. Für den
Sommer optimal: Der
Kattenturm hat eine
Terrasse und einen
Biergarten. Geöffnet
10-23 h, je nach
Wetterlage, Mo Ruhetag.

Restaurant ◤ Das
schwimmen-
de Restaurant Thetis
auf dem Kettwiger Stausee
sollten Sie mal testen.
Promenadenweg 18, Essen,
Tel. 02054-2366, April-
Oktober 9.30-22 h,
dienstags Ruhetag.

2.00 Std:

er kleinste Ruhrstausee liegt vor Ihnen, der
ettwiger See. 1949 wurde er angelegt mit einer
ängenausdehnung von immerhin 1,5 km.
on hier aus fahren die Schiffe zurück Richtung
erden. Doch vorher sollten Sie sich noch die
ettwiger Altstadt ansehen (Dauer des Rundgangs
a. 30 min):

18

Kettwig

Der Reichtum Kettwigs und das Expandieren im 19. Jh. basierten auf den ansässigen Tuchfabrikationen. Von der damaligen Prosperität zeugen heute noch die zahlreichen vornehmen Bürgerhäuser. Vor dem wirtschaftlichen Aufschwung gehörte das kleine Landstädtchen Kettwig zur Abtei Werden. Seit 1975 ist der Ort Stadtteil von Essen.

Achtung

Nach dem Ortsrundgang Kettwig und eventueller Einkehr können Sie auf dem gegenüberliegenden Südufer des Stausees Ihren Seepromenadenweg fortsetzen. Am Bahnhof Kettwig-Stausee treten Sie dann mit der Ⓢ 6 die Heimfahrt an.

Über den Dächern von Kettwig

Sie bleiben auf der schöngestalteten Uferpromenade und gehen am Stauwehr durch die kleine Straßenunterführung. In der Ferne überspannt die Autobahnbrücke der A52 das Ruhrtal bei Mülheim-Mintard. Mit ca. 2.000 m ist sie eine der längsten Deutschlands.

Sofort hinter der Unterführung gelangen Sie rechts zur historischen Mühlengrabenbrücke. Sie stammt aus der mittelalterlichen Zeit der Werdener Äbte. Einst sollte sie über die Ruhr führen, wurde aber nach der Überbrückung des Grabens nicht weitergebaut.

Sie halten sich links und gelangen durch die Ruhrstraße zu einem der romantischsten Kleinstadtwinkel Deutschlands, der Kirchtreppe. Diese steile Stiege wird erklommen. Oben, am Martin-Luther-Platz, entschädigt ein Rundblick über das Gewirr der Altstadtdächer für das mühsame Treppensteigen. Aber es gibt noch mehr zu sehen: die Ruhrhöhen sowie die altehrwürdige evangelische Kirche (Turm 13. Jh., Kirchenschiff von 1721, Kanzel und Altar sehenswert).

Am Markt stehen klassizistische Bürgerhäuser und, ihnen gegenüber, das Rathaus. Sie biegen nach rechts in die Ruhrstraße ein und erreichen den Ausgangspunkt Ihres Rundwegs, die Mühlengrabenbrücke.

An der Stauseepromenade müssen Sie sich entscheiden, ob Sie geruhsam per Schiff nach Werden zurückfahren oder den Uferweg (ca. 90 min per pedes) wählen.

Die Ruhr bei Kettwig: schöner geht's nimmer

Pilger-Passion

19

Von Gelsenkirchen nach Essen-Eiberg

Sie pilgern zwar nicht zum spanischen Santiago de Compostela, aber einen Hauch frühmittelalterlicher Nostalgie bietet diese Tour trotzdem. Zunächst liegt jedoch Neuzeitliches am Wegesrand, bis Sie schließlich auf dem Hellweg die Bartholomäus-Kapelle, Raststätte der Pilger, erreichen.

Anfahrt Hbf Gelsenkirchen

DB SE 2, SE 3, 20, 34, **S** 2; Straßenbahn 127, 301, 302; Bus SB 28, SB 29, CE 56, 194, 348, 380, 381, 382, 383, 385, 389

Abfahrt **S**-Bf Essen-Eiberg

S 1, **S** 21; Bus 164, 174, 184

Streckenlänge: 10 km (ca. 2.30 Std)

Start

Nehmen Sie am Gelsenkirchener Hbf den Südausgang und folgen Sie der Fußgängerzone (Bochumer Straße) in südlicher Richtung.

10 min:

Sie überqueren die Wickingstraße. Vor Ihnen liegt die imposante Glasfassade des Wissenschaftsparks Rhein-Elbe. Das Gebäude zur Linken ist die ehemalige Verwaltung des Gußstahlwerks Gelsenkirchen, heute vom Arbeitsgericht benutzt. Auf dessen Gelände befindet sich der Wissenschaftspark. Durch die großzügige Parkanlage gelangen Sie zum Sitz der Internationalen Bauausstellung Emscher Park (IBA). Untergebracht ist sie in den Verwaltungsgebäuden der ehemaligen Zeche Rhein-Elbe.

Der Hellweg

Der Hellweg war alte Römerstraße, Handels-, Pilger- und Salzweg zugleich. Um 800 baute Karl der Große diese wichtige Verbindung von Ost nach West zur Königsstrasse „Via regia" aus. Damit sicherte er die entscheidende Verkehrsachse ins sächsische Zentrum nach Paderborn.

Die Bartholomäus-Kapelle

65

19

Kapelle

Die Kapelle St. Bartholomäus zu Stalleicken war die ehemalige Raststätte für Pilger, die auf dem Hellweg nach Santiago de Compostela in Spanien zogen. 1364 wurde sie errichtet, 1691 restauriert. Die Barock-Madonna stammt aus Spanien. Im 17. Jh. fand sie den Weg nach Bochum.

 In der Gaststätte Kümmel Kopp findet alljährlich die Gänsereiterei statt. Einer alten Tradition folgend, treffen sich die Verwegenen regelmäßig zur närrischen Zeit, um den Gänsereiter-König zu ermitteln. Geöffnet von 10.30-1 Uhr, donnerstags Ruhetag. Wattenscheider Hellweg 249, Bochum-Wattenscheid, Tel. 02327-55714.

20 min:

Sie erreichen den Rhein-Elbe-Park. Einst gehörte der Park zur Villa Emil Kirdorfs, dem Direktor der Gelsenkirchener Bergwerksgesellschaft. In einem weiten Bogen führt Sie das Wanderzeichen ▬ durch den waldreichen Park.

45 min:

Sie überqueren die stark befahrene Hattinger Straße. Nach wenigen Metern stoßen Sie in der Krayer Straße auf das Wanderzeichen ◆. Folgen Sie ihm nach links. Vorbei am Hof Schulte Grimberg gelangen Sie wieder zur Hattinger Straße. Hier verlassen Sie das Zeichen ◆ und überqueren die Straße.

1.10 Std:

Bei Schulte-Kemna können Sie Ihr „blaues Wunder" erleben. Der Herstellungsort hochprozentiger Kornbrände liegt links des Weges. Sie folgen jetzt dem Zeichen Ⓑ.

1.20 Std:

Sie unterqueren den Ruhrschnellweg, die BAB A40, und wandern vorbei am Wattenscheider Autokino. Ihr Ziel: Gut Sevinghausen.

1.50 Std:

Auf der linken Seite liegt das **Heimatmuseum Helfs Hof**. Vor dem Haus haben Sie eine gute Aussicht auf Bochum-Wattenscheid und Gelsenkirchen. An Feuerlöschteichen vorbei wird die Wanderung fortgesetzt.

2.00 Std:

Kurz hinter der Kirche Sevinghausen ist die Höhe des Hellwegs genommen. An der Kreuzung mit einer in Nord-Süd-Richtung verlaufenden Handelsstraße entstand einst Bochum. Der Höhenrücken ist die Wasserscheide zwischen Ruhr und Emscher. 100 m links liegt die **Kapelle St. Bartholomäus** zu Stalleicken. Gleich daneben stoßen Sie auf die **Gaststätte Kümmel Kopp**. Sie setzen Ihre Tour mit dem Zeichen Ⓑ fort.

2.15 Std:

Kurz vor der S-Bahn-Strecke Essen/Bochum verlassen Sie den Wanderweg Ⓑ nach rechts und folgen dem Schultenweg. Sie wandern an der Umspannanlage Eiberg vorbei und erreichen in wenigen Minuten den Ⓢ-Bahnhof Essen-Eiberg (2.30 Std).

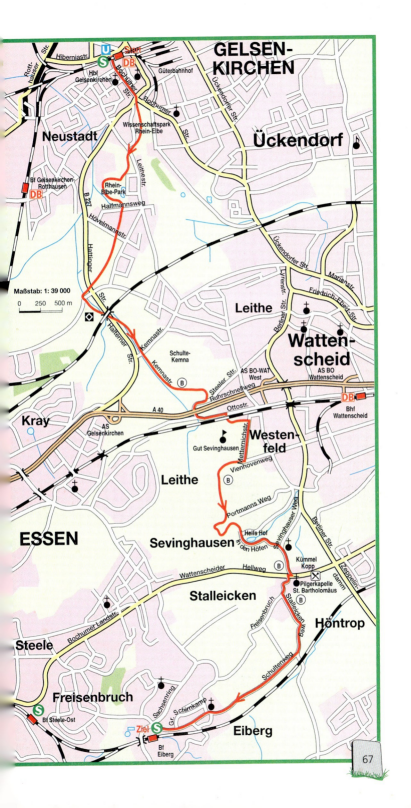

Von GE-Buer zur Freiheit Westerholt

Info
Eine Minigolfanlage finden Sie an der Westerholter Straße/alter Löwenparkeingang.

Westerholter Freiheit
Freiheit bezeichnet ein Gemeinwesen, das mehr Rechte und Selbständigkeit besitzt als ein Dorf, jedoch weniger Rechte hat als eine Stadt.

Westerholter Wald
Der Westerholter Wald, der Golfplatz und die Feldflur sind im Besitz der seit 1193 erwähnten Grafenfamilie (Herren von Westerholt-Gysenberg). Im Westerholter Wald befand sich bis gegen Ende der 80er Jahre der berühmte Löwenpark des Grafen Westerholt. In „freier Wildbahn" lebten hier die Raubtiere.

Kapelle
1706 fiel Anneken Spiekermann aus Buer-Sutum dem Hexenwahn zum Opfer. Als Hexe zu Westerholt wurde sie hingerichtet. Die Siebenschmerzenskapelle wurde 1725 ihr zu Ehren als Sühnezeichen errichtet.

Adel verpflichtet - auch zum Wandern. Diese Tour führt Sie zu den Ländereien des Grafen Westerholt. Doch nach den legendären Löwen werden Sie im Park vergebens Ausschau halten. Dafür ist Golf en vogue bei Grafens. Den Abschluß der Tour bildet ein Rundgang durch's historische Westerholt.

Anfahrt Ⓗ **Am Stadtwald (GE-Buer)**
Bus 249

Abfahrt Ⓗ **Schloßstraße (Herten-Westerholt)**
Bus SB24, 207, 210, 211, 219, 240, 247

Streckenlänge: 8 km (ca. 2.30 Std einschließlich Ortsrundgang)

Start:
Sie wandern mit dem Zeichen **X18** des SGV. Ruckzuck sind Sie im Wald. Sie spazieren am Sportplatz vorbei bis zum Teich. Dort geht's links ab.

20 min:
Am idyllischen Weiher wandern Sie im Bogen linksherum. Hier treffen Sie auf das Zeichen **X7**. Es führt direkt nach Westerholt. Im östlichen Teil des Stadtwalds ist das Naturschutzgebiet Im deipen Gat.

30 min:
Nach Überquerung der Ressestraße kommen Sie in die Löchterheide, die sich inzwischen zum dichten Wald mit teilweise prächtigen Baumriesen entwickelt hat. Nach gut 10 min liegt links an einer Abzweigung mitten im Wald die **Siebenschmerzenskapelle**.

50 min:
Überqueren Sie die Westerholter Straße, um in den **Westerholter Wald** zu gelangen.

1.20 Std:
Am **Golfplatz** vorbei haben Sie nun Alt-Westerholt erreicht, das „Rothenburg des nördlichen Reviers".

Überzeugen Sie sich davon bei einem Gang durch die alten Gassen. Was Sie unbedingt in Westerholt sehen sollten: das älteste Haus im Ort von 1627 (Apostelstraße an der Pfarrkirche), die Ruine der alten Kirche (bis 1903 fanden hier Messen statt, 1907 wurde sie teilweise abgebrochen) und die Fachwerkanlage Alt Westerholt. Bemerkenswert sind zudem das Freiheitstor im Ostwall, die Freiheit Nr. 17 und 19 (mit Heimatkabinett, So 11-12 h, Info-Tel. 0209-358744) und das renovierte Schloß.

Golfanlage

Die Golfanlage Schloß Westerholt ist öffentlich zugänglich. Schnupperkurse sind für DM 60,– zu haben. Schloßstraße 1, Herten, Tel. 0209-620276, 9-17 h.

Historie in der Stadt: Alt-Westerholt

Restaurant

Tip: Kolpinghaus, Kolpingstraße 10, Herten, Tel. 0209-35111 - bietet gutbürgerliche Küche und einen Biergarten. Di-Fr 16.30-24 h, Sa, So 11-24 h.
Alt Westerholt, Schloßstr. 3, Herten, Tel. 0209-35249. Schattiges Gartenlokal, gutbürgerliche Küche, Di-So 11.30-1 h.

Ruhr-Zoo

Über 900 Tiere können Sie im Ruhr-Zoo sehen. Bleckstraße 64, Gelsenkirchen, Tel. 0209-980870. Öffnungszeiten täglich von 9-18.30 h, Oktober bis März 9-17 h, DM 7,-/4,-.

Schloß Herten

Das Schloß Herten ist eine Burganlage aus der Zeit der Spätgotik. 1376 wurde es zum ersten Mal urkundlich erwähnt. Seit 1920 war das Schloß unbewohnt. Erst 1974 wurde das Anwesen restauriert. Der Schloßpark, im Stil eines englischen Landschaftsgartens gestaltet, beherbergt eine Menge alter und seltener Bäume. Sehenswert ist im Frühjahr die Narzissenwiese.

Restaurant Schloßcafé, Im Schloßpark, Herten, Tel. 02366-82112. Öffnungszeiten: Di-Fr 15-19 h; Sa, So und feiertags 14-19 h, montags geschlossen.

Die Tour führt durch den bekannten Emscherbruch, ein großes Wald- und Sumpfgebiet im Verlauf der Emscher. Es geht durch die Resser Mark, vorbei am Knabenbach und in den weitläufigen Park von Schloß Herten.

Anfahrt Ⓤ Ruhr-Zoo (GE-Bismarck)
Straßenbahn 301

Abfahrt Ⓗ Schloß Herten (Herten)
Bus 207, 210, 211, 249

Streckenlänge: 10 km (ca. 2.30 Std)

Start:

Let´s go: Per Ⓤ-Bahn gelangen Sie vom Hbf Gelsenkirchen zum **Ruhr-Zoo**. Gehen Sie Richtung Zoo-Terrassen und folgen Sie nach links dem Zeichen **X7** über die Kanalbrücke des Rhein-Herne-Kanals.

10 min:

Sie biegen rechts ab, das Zeichen **XE** begleitet Sie während der nächsten 20 min.

30 min:

Hinter dem Parkgelände des ehemaligen Freibades Grimberg verlassen Sie den Weg **XE** nach links, überqueren die Emscher und gehen geradeaus zur Resser Mark.

50 min:

Sie überqueren die Münsterstraße und folgen auf der anderen Seite dem Kleiweg.

1.20 Std:

Am Ende des Kleiwegs biegen Sie nach rechts ab. Unterqueren Sie die A2 und gehen Sie sofort wieder nach rechts in die Straße Im Emscherbruch. Dieser folgen Sie bis zur Schnorrstraße. Halten Sie sich weiter halbrechts bis zu einer Weggabelung. Hier biegen Sie nach rechts ab.

Tiere hautnah - im Ruhr-Zoo

1.50 Std:

Parallel zur A2 führen Sie Waldwege über den Holzbach. Hier beginnt das Waldgebiet Mühlenbruch auf Hertener Stadtgebiet.

2.10 Std:

Sie folgen der zweiten Schneise nach links. Die Ausläufer des Hertener Schloßparks sind bereits zu sehen.

2.40 Std:

Vorbei an einer großen Wiese erreichen Sie **Schloß Herten**. Die Pappelallee führt Sie zum Resser Weg. Von hier aus können Sie die Rückfahrt antreten.

GELSEN-

KIRCHEN

HERTEN

Resse

Resser

Mark

Eichkamp

Emscher-

bruch

Unser

HERNE

Fritz

Bismarck

Schloß Herten

Hertenerstr.

Hertenerstr.

nur Güterverkehr

Bf. Herten

Ziel

Im Schloßpark

Resser Weg

In der Feige

Middelicher Str.

Ewaldstr.

Im Emscherbruch

Ewaldstr.

Holzbach

Gelsenkirchener Str.

Anschlußstelle Herten

A 2

Münsterstr.

Ewald-see

Kleiweg

Kleiweg

Im Emscherbruch

Wiedenhopfstr.

Zentraldeponie Emscherbruch

Berghalde

Münsterstr.

Emscher

B 226

Dorstener Str.

Balkenstr.

XE

XE

Rhein-Herne-Kanal

Hafen Grimberg

Start

Ruhr-Zoo

Mühlenstr.

B 227

Unser-Fritz-Str.

Maßstab: 1: 32 000

0   250   500 m

**Von der Ruhr-Uni in Bochum-Querenburg
zur Burg Blankenstein bei Hattingen**

Kemnader See

Der Kemnader See ist der jüngste Stausee im Ruhrtal (entstanden 1976-79) - für Wassersportler ein ideales Fleckchen. Verleih von Booten, Surfbrettern etc. unter Tel. 02302-20120

 Das Café-Restaurant Cigo am Kemnader See kann mit einem Biergarten aufwarten. Freunde von Grillspezialitäten sind hier richtig. Oveneystr. 65, Bochum, Tel. 0234-799888. Tgl. 11-23 h.

Haus Kemnade

Haus Kemnade gehört zu den ältesten Bauwerken in der Region. Werfen Sie einen Blick ins Bauernhaus- und Musikinstrumenten-museum. Tel. 02324-30268, Di 9-15 h, Mi-Fr 13-19 h, Sa, So 11-18 h (Sommer); Di-Fr 11-17 h, Sa, So 10-17 h (Winter), Eintritt frei. In den alten Gewölben der Burg wird Kaffee und Kuchen serviert. Haus Kemnade, An der Kemnade 10, Hattingen, Tel. 02324-30277. Tgl. 12-23 h, Mo Ruhetag.

Die größte Universität des Ruhrgebiets ist Ausgangspunkt dieser Wanderung. Im Botanischen Garten der Uni stehen exotische Pflanzen in voller Blütenpracht. Von der grünen Pracht geht´s zum Spaß-Stausee Kemnade und zur Burg Blankenstein.

Anfahrt Ⓤ-Bf Lennershof (BO-Querenburg)
Linie Ⓤ35

Abfahrt Ⓗ Burg Blankenstein (Hat.-Blankenst.)
Bus CE 31, 350 und 591

Streckenlänge: 10 km (ca. 2 Std)

Start:
Sie gehen in südlicher Richtung die Straße Im Westenfeld hinunter. Im Nu sind Sie in der Exotik des Botanischen Gartens.

15 min:
Über den Wanderweg mit dem Zeichen █ gelangen Sie zum Chinesischen Garten. Sie folgen dem Zeichen weiter, an Teichen vorbei bis zur Straße Im Lottental.

60 min:
Sie erreichen den **Stausee Kemnade**.

1.30 Std:
Die langgestreckten Bootshäuser waren früher Gebäude der ehemaligen Zeche Gibraltar. Stärken können Sie sich im **Café-Restaurant Cigo**.

1.50 Std:
Am Stauwehr wechseln Sie die Ruhrseite. Vor Ihnen liegt die **Wasserburg Haus Kemnade**.

2.00 Std:
An der Straßenkreuzung Steinenhaus folgen Sie der Straße Im Katzenstein. Hier geht es hinauf in das

gleichnamige Naturschutzgebiet. Hinter dem
Forsthaus biegen Sie nach rechts ab mit den Zeichen
A1 und **A2** bis zum Wanderweg ◇. Ihre Richtung:
Nach rechts.

2.30 Std:

Die **Burg Blankenstein** liegt vor Ihnen. Wenn Sie an
der Kirche rechts vorbeigehen, erreichen Sie zügig
die Burg. Vom Bergfried können Sie weite Ausblicke
auf das Ruhrtal bis hinüber zur Ruhr-Uni genießen.
An der Ⓗ Burg Blankenstein können Sie die
Heimreise antreten.

Über 750 Jahre alt: die Burg Blankenstein

Burg Blankenstein

Viel ist nicht mehr übriggeblieben von der Burg Blankenstein.
Graf Adolf von der Mark ließ sie
1226/27 errichten. 1959
wurden die Burgreste
restauriert und ein Restaurant
eingerichtet. Tel. 02324-33231,
Burgstraße 16, Hattingen.
Tgl. 18-1 h (Winter), Mo-Sa
14-1 h, So 11-1 h (Sommer).

Querenburg

1 Lennershofstr.
2 Schattbachstr.
3 Universitätsstr.
4 Bahrenbergstr.
5 Uhlenbrinkstr.
6 Voßstr.
7 Zum Schebbruch
8 Auf dem Kalwes
9 Im Westenfeld
10 Overbergstr.
11 Hustadtring

Universitätsstr.

Ruhr-Universität

Botanischer Garten

Chin. Garten

Im Lottental

BOCHUM

Haarstr.

Hevener Str.

Ruhrlandheim

Blumenau

Im Mailand

Golf-platz

Im Mailand

Stiepel

Zeche Gibraltar

Cigo

Behrenbeck

Oveneystr.

Kemnader See

Ausflugsschiff

Museumseisenbahn

Herbede

Anschlußstelle Witten-Herbede

Wittener Str.

Kämpenstr.

Kemnader Str.

An der Kemnade

WITTEN

A 43

Museumsbf. Blankenstein (Burg)

Naturschutzgebiet

Haus Kemnade, Museum

Museumsbf Blankenstein (Ruhr)

Ziel

Museumseisenbahn

Wittener Str.

Blankenstein

A1, A2

Katzenstein

Im A1, A2

Im Hammertal

Maßstab 1: 31 000

0   250   500 m

HATTINGEN

73

Der gute alte Pott

Von Herne nach Castrop-Rauxel

WANDERN LIGHT

Die grauen, verrußten Zeiten des Reviers sind vorbei. Längst hat das größte Industrierevier Europas ein neues Image, zu dem auch die zahlreichen Freizeitangebote beitragen. Neuestes Beispiel: der Emscher-Park-Wanderweg, ein Wanderweg, der mitten durchs Herz des einstigen „Kohlenpotts" führt. Der Weg ist insgesamt 131 Kilometer lang. Wir schlagen Ihnen drei Appetit-Etappen von zusammen 37 Kilometern vor. (Routen 23, 24, 25)

Anfahrt Bf Herne
DB-Linien SE3, **S** 2, 48; Stadtbahn **U** 35; Bus 205, 303, 311, 312, 322, 323, 333, 343, 362, 367, 390, 494

Abfahrt **H** Europaplatz (Castrop Rauxel)
Bus 334, 458, 472, 481

Streckenlänge: 14 km (ca. 3.30 Std)

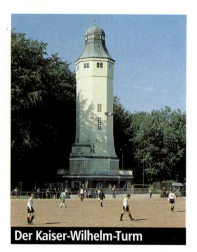

Der Kaiser-Wilhelm-Turm

Start:
Alles startklar? Na, dann mal los. DB- und Busfahrgäste wenden sich vom Bahnhofsvorplatz zur Eisenbahnunterführung am **U**-Bf Herne Bf. Das Zeichen **XE** der SGV-Hauptwanderstrecke Emscher-Park-Weg führt von hier aus durch die Fußgängerzone. Achten Sie auf die zahlreichen schön renovierten Häuser aus der Gründerzeit.

20 min:
An der Bonifatiuskirche (Fußweg gegenüber der Behrensstraße) verlassen Sie die Einkaufsstraße und gelangen über die Glockenstraße/An der Insel (kl. Park) zum ehemaligen Friedhof an der Mont-Cenis-Straße.

30 min:

Hier am kleinen Friedhof beginnt das langgezogene Ostbachtal, das bis zum Revierpark reicht.

60 min:

Vor Ihnen liegt der Revierpark Gysenberg und damit Jubel, Trubel, Heiterkeit - für Kinder ein unbedingtes Muß. Ruhige Erholung bietet der anschließende Gysenberger Wald, durch den auch der Weg **XE** führt.

1.30 Std:

Ärmel hochkrempeln, denn jetzt geht es bergauf durch den Wald des Volksparks Sodingen. Hier erwartet Sie buchstäblich der Höhepunkt dieser Wanderung, der **Kaiser-Wilhelm-Aussichtsturm**. Wer schwindelfrei ist und einen Blick vom Turm wagen möchte, kann sich in der Gysenbergtherme (Schwimmbad/Sauna) den Schlüssel besorgen! Bei guter Sicht lohnt sich das auf jeden Fall. Wenn Sie den Norden anpeilen, sehen Sie die Höhen der Haard, Hohe Mark, Baumberge und Borkenberge.

2.00 Std:

Teutoburgia - dieser kraftvolle Name stand jahrzehntelang in Herne-Holthausen und -Börnig für Arbeit und ein stilles Glück im Grünen.

2.30 Std:

Atmen Sie noch einmal tief durch. Sie durchwandern das letzte Grüngebiet dieser Tour, das weitläufige Castroper Holz. Hier auf Castrop-Rauxeler Stadtgebiet - Herne haben Sie kurz vor der Autobahnbrücke verlassen - führt der Weg wie so oft im Ruhrgebiet über stillgelegte Bahnlinien.

3.30 Std:

Das war's. Am Europaplatz, auf halbem Wege zwischen Alt-Castrop im Süden und Alt-Rauxel im Norden, endet die Wandertour.
Als Kontrast zu den zahlreichen Natureindrücken der vergangenen Stunden wartet hier eine Anlage von besonderer Imposanz und ungewohnter Architektur: rund um den weiten Platz gruppieren sich Rathaus, Stadthalle, Europahalle und Westfälisches Landestheater, ergänzt durch Grünanlagen, Wasserbecken und Laubengänge. Als neues Stadtzentrum wurde die Anlage in den 70er Jahren von dem dänischen Architekten Arne Jacobsen entworfen.

Teutoburgia

Schon 1925 wurde die Zeche Teutoburgia stillgelegt. Letzte Zeugen der vergangenen Bergbauzeit sind die sanierte Siedlung Teutoburgia (erbaut 1909-1923) sowie der Förderturm und das Maschinenhaus, die derzeit restauriert werden.

Achtung

Wer noch Lust hat, kann in ca. 20 min. über die Bahnhofstraße zum Hauptbahnhof Castrop-Rauxel schlendern.

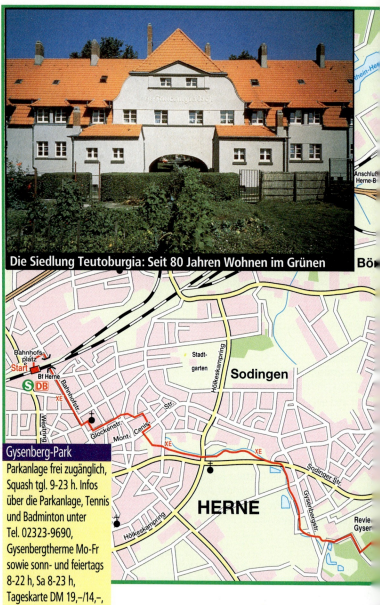

Die Siedlung Teutoburgia: Seit 80 Jahren Wohnen im Grünen

Gysenberg-Park

Parkanlage frei zugänglich, Squash tgl. 9-23 h. Infos über die Parkanlage, Tennis und Badminton unter Tel. 02323-9690, Gysenbergtherme Mo-Fr sowie sonn- und feiertags 8-22 h, Sa 8-23 h, Tageskarte DM 19,–/14,–, Familienkarte DM 48,–. Das Freiluftbecken Sun and Wave hat vom 1.5.-31.8. geöffnet, DM 11,–/8,–, Tel. 02323-969222.

Lustmaximierung à la Gysenberg

Als erster der fünf Revierparks ist der Gysenberg-Park fertiggestellt worden. Das war 1970. Seitdem steigt seine Popularität von Jahr zu Jahr - nicht ohne Grund. Auf 26 Hektar ist alles zu finden, was den Großen und Kleinen Spaß macht. Von Badminton, Tennis und Squash bis hin zum Gocart-Fahren ist all drin. Wem das nicht reicht, dem sei die Gysenberg-

CASTROP-RAUXEL

Schloß Bladenhorst

Bladenhorst

Castroper Holz

Westring

Hbf

Ziel
Europa-
platz

XE
Jahnstr.

Haselweg

XE
A 42

Anschlußstelle Castrop-Rauxel/ Bladenhorst

Emscherschnellweg

Anschlußstelle Castrop-Rauxel

XE

Bahnholtr.

ehem. Zeche Teutoburgia (Förderturm als Denkmal)

Behring-hausen

Teutoburgia-Siedlung

Bladenhorster

Westring

Bf Castrop-Rauxel Süd

DB

Castroper Str.

Herner Str.

Castrop

Holt-

hausen

XE

Aussichtsturm

-Str.
-s-

Maßstab: 1: 31 000
0   250   500 m

Gysenberg-Park

Infos zum Gocart-Fahren unter Tel. 02323-64513. Gysenberghalle (Eislaufen), Di 9-12.30 h, 16-18.30 h, Mi 10-12.30 h, 16-18.30 h, 20-22.30 h, Do, Fr 10-12.30 h, 16-18.30 h, Sa, So 10-12.30 h, 13-15.30 h, 16-18.30 h, 20-22.30 h, DM 5,–/3,–, Tel. 02323-969250.

alle empfohlen. Schnappen Sie sich ein paar Schlitt-
schuhe und üben Sie wie weiland Rudi Cerne den
reifachen Schlauberger - Spaß ist garantiert. Nett ist
uch das Café in der Halle. Beim Kaffee, Tee oder Bier
ie Abgänge des Jahres zu sehen, ist ein ganz
esonderes Vergnügen. Außerdem im Angebot: ein
inderspielhaus für Ihre Kleinen und die Gysenberg-
herme. Wellen- und Solebecken, Saunen, römische
ampfbäder etc. geben der Langeweile keine Chance.

Schlotbarone

Von Castrop-Rauxel nach DO-Mengede

Info

Für Familien mit Kindern geeignet. Da viel Wald und freies Feld durchwandert wird, empfiehlt sich besonders bei feuchter Witterung festes Schuhwerk. Die Wege können in den Bachtälern und im Wald um Haus Dorloh matschig sein.

Haus Dorloh

Haus Dorloh ist ein typischer Vertreter der zahlreichen kleinen Herrensitze im gesamten Ruhrgebiet. Erbaut wurde es vor ca. 120 Jahren. Eine Besichtigung ist jedoch nicht möglich, da das Gebäude privat bewohnt ist.

Kampf der Giganten: der alte Landadel gegen die aufstrebenden „Schlotbarone" der frühen Industrialisierung. Wie der Kampf ausging ist klar: die „Schlotbarone" wurden die mächtigsten Herren im Land. Hierfür legen die imposanten Gebäude der Zeche Adolf von Hansemann Zeugnis ab.
Die zweite Etappe auf dem Emscher-Park-Wanderweg läßt die Geschichte des 19. Jahrhunderts wieder wach werden.

Anfahrt Ⓗ Europaplatz (Castrop-Rauxel)
Bus 334, 458, 472, 481

Nächster Bahnhof: Hbf Castrop-Rauxel
DB -Linien SE3, Ⓢ 2; ca. 1 km bis Europaplatz bzw. Bus

Abfahrt Ⓢ-Bf DO-Mengede
DB -Linien SE3, Ⓢ 2; Bus SB27, 289, 361, 458, 465, 468, 475, 478

Streckenlänge: 11 km (ca. 3 Std)

Start:
Service: Am Rathaus Castrop-Rauxel finden Sie das Zeichen **XE** der SGV-Hauptwanderstrecke Emscher-Park-Weg, das Sie schnell ins Grüne führt. Informationen zur Architektur des Europaplatzes können Sie in der ersten Etappe, auf Seite 75, nachlesen.

25 min:
Zunächst geht es vorbei am Klöppersberg. Immerhin erreicht er stolze 86 m über N.N. Ein Ententeich und ein Wildgehege bringen Leben und Geschnatter in die Landschaft. Weiter geht es durch das Waldgebiet Nierholz zum Deininghauser Bach.

Europaplatz in Castrop Rauxel

50 min:

Sie wandern am Deininghauser Bach entlang, der zu den in letzter Zeit renaturierten Bachläufen gehört: aus einer öden Beton-Abwasserrinne wurde wieder ein ursprüngliches Gewässer mit richtigem Bachbett. Wäre nicht das Kraftwerk im Hintergrund, fühlte man sich wie in einer idyllischen Ferienlandschaft.

1.20 Std:

Vom Park aus können Sie am Eingangstor einen Blick auf **Haus Dorloh** werfen.

1.50 Std:

Hinter der Autobahnbrücke liegt rechts hinter der Mauer **Schloß Bodelschwingh**, bereits auf Dortmunder Stadtgebiet.

2.00 Std:

Der Stadtteil Bodelschwingh hat im alten Ortskern noch dörfliche Züge; Dorfkirche, Fachwerkhäuser und Gehöfte deuten kaum darauf hin, daß man sich in einer Stadt mit fast 600.000 Einwohnern befindet.

Schloß Bodelschwingh

1302 wurde Schloß Bodelschwingh erstmals urkundlich erwähnt. Aus dieser Zeit stammen auch die Kernbauten des Herrenhauses. Eine steinerne Brücke führt zu der mit einer Gräfte (Wassergraben) umgebenen Vorburg. Die Besichtigung der Anlage ist nicht möglich, denn seit über 20 Generationen befindet sich das Schloß in Privatbesitz derer zu Bodelschwingh.

prächtig, prächtig: das Schloß Bodelschwingh mit Wassergraben

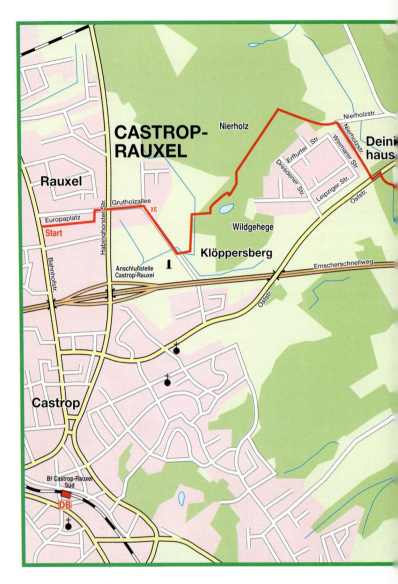

Damit ist Dortmund nach Essen die zweitgrößte Stadt im Ruhrgebiet.

2.40 Std:

Am Rande von Dortmund-Oestrich entstand der neue Hansemannpark auf dem Gelände der ehemaligen Zeche Adolf von Hansemann. Spazierwege, Spielplätze und Ruhebänke, Wiesen, Büsche und Bäume lassen nichts mehr von der Betriebsamkeit spüren, mit der hier lange Zeit das schwarze Gold a Tageslicht gefördert wurde. Erhalten sind jedoch im

...orden des Parks die Gebäude der Zeche. Nach einer ...Mode der damaligen Zeit zieren Zinnen und Türm-...hen den Bau, der damit eher wie ein Ritterkastell ...ussieht. Die „Schlotbarone" ließen sich halt nicht ...mpen.

...3.00 Std:

...as Ende der Tour ist am Bahnhof Mengede erreicht, ...er bestehen gute Zug- und Busanschlüsse. Wenn ...e Durst haben, gehen Sie doch kurz in den ...engeder Ortskern (Weg **XE**).

Von DO-Mengede nach DO-Eving

Auf dieser dritten Etappe des Emscher-Park-Wanderwegs entdecken Sie die interessante Schnittstelle von Industrie- und Bauernland. Mit ausgedehnten Wäldern, weiten Wiesen und Feldern erinnert die Landschaft stark ans schöne Münsterland - doch immer wieder fällt der Blick auf stillgelegte Bergwerke und begrünte Halden.

Info

Für Familien mit Kindern geeigneter, ebener Weg. Mit Spielplätzen, Schiffsverkehr auf dem Kanal und einem Wildgehege bedarf es keiner großen Überredungskünste, um Ihre Kinder mitzubekommen.

Anfahrt ⓈBf DO-Mengede

🅳🅱-Linien SE3, Ⓢ 2; Bus SB27, 289, 361, 458, 465, 468, 475, 478

Abfahrt Ⓗ Grävingholz (DO-Eving)

Linien Ⓤ 45, Ⓤ 49

Streckenlänge: 12 km (ca. 3 Std)

Start:

Emscher-Park die dritte: Am Mengeder Bahnhofsvorplatz halten Sie sich bis in den Forst Grävingholz (ca. 2.30 Std) an das Zeichen **XE** der SGV-Hauptwanderstrecke Emscher-Park-Weg.

Zunächst kommen Sie durch das Zentrum des ehemaligen Amtssitzes Mengede. Dort geht es am Amtshaus vorbei über den Marktplatz. Einige ältere Gebäude, vor allem im Bereich Mengeder Straße, erinnern an den früheren Kleinstadtcharakter des Ortes.

30 min:

Sie überqueren nun die Emscher und gelangen in de Volksgarten Mengede.

Gegen eine kleine Fitneßeinlage in diesem Sport-, Spiel- und Spazierpark ist nichts einzuwenden, nur zu.

60 min:

Der Weg hat Sie durch bäuerliches Gelände zum **Dortmund-Ems-Kanal** gebracht. Von der Schwieringhauser Brücke (links das Dörfchen

Dortmund-Ems-Kanal

Der Dortmund-Ems-Kanal verbindet das Ruhrgebiet mit der Nordsee. Er ist 266 km lang. Sieben Jahre haben die Bauarbeiten gedauert, von 1892-99.

Schwieringhausen) geht es ca. 1,5 km am Kanal entlang. Gemütlich dahinziehende Lastkähne begleiten Sie.

1.30 Std:

Nachdem Sie die Kanal-„Promenade" verlassen haben, umrunden Sie die Bauernschaft Holthausen. Halden und Bergwerksanlagen bezeugen die bergbauliche Vergangenheit dieses urwestfälischen Agrarlandes. Im Norden fällt der Blick auf Lünen-Brambauer.

2.00 Std:

Bis zum Ende der Tour durchwandern Sie das große Waldgebiet der Forste Grävingholz und Süggel. Breite Wege ohne nennenswerte Steigungen machen den Waldspaziergang zu einem Genuß.
Schauen Sie sich im Wildgehege Süggel an, was der heimische Wald an Damwild zu bieten hat. Das romantische Süggelbachtal sowie die Senken des Holthauser Bachs und des Gullohbachs durchziehen den Wald.

3.00 Std:

An der Straßenbahnhaltestelle Grävingholz endet die Wanderung. Schade, oder? Aber wie wäre es noch

Rastplatz Einen schönen Rastplatz finden Sie im südwestlichen Grävingholz (große Schutzhütte, Bänke, überdacht und frei, Ballspielwiese); weitere Rastplätze und Schutzhütten im Grävingholz und Süggel (siehe Karte).

Das stolze Wohlfahrtsgebäude in Dortmund-Eving

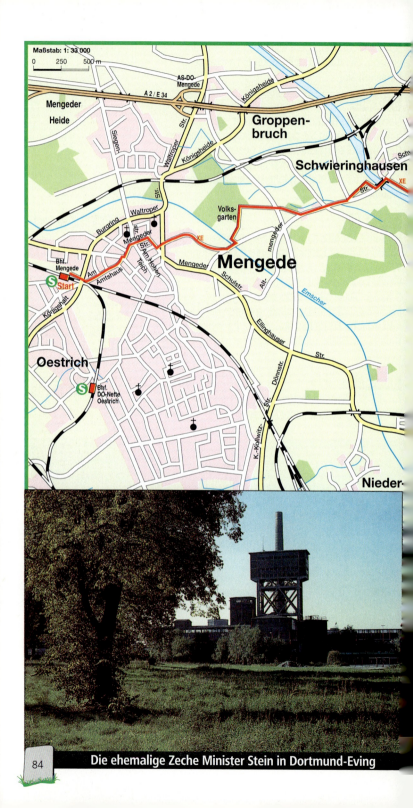

Die ehemalige Zeche Minister Stein in Dortmund-Eving

it einem Abstecher zum Bereich der ehemaligen
echen Minister Stein und Hardenberg? Diese beiden
echen haben 1898 die sogenannte Alte Kolonie
ving entstehen lassen, die durch eine künstlerische
esamtkonzeption ein freundliches und individuelles
ussehen erhalten hat. Heute entsteht hier das
adtteilzentrum Neue Evinger Mitte. In ihm ist das
hloßartige, ehemalige Wohlfahrtsgebäude zu
hen. 1906 wurde es als soziales Zentrum mit
adeanstalt, Kinderhort und Veranstaltungsräumen
öffnet.

Parkhaus
Restaurant Wortmann,
Evinger Str. 387 (500 m
nördlich der (H) Gräving-
holz), Tel. 0231-801804,
Mo Ruhetag, Di-Do 11-24 h,
Fr, Sa 11-1 h, So 11-23 h.

Von Witten-Zentrum nach Witten-Bommern

Info

Von der Anlegestelle Witten-Bommern können Sie mit dem Fahrgastschiff Schwalbe der Stadtwerke Witten in Richtung Stausee Kemnade fahren. Fahrplan-Infos unter Tel. 02302-9173701. Am Bahnhof Witten-Bommern verkehrt auch die Museumseisenbahn im Ruhrtal in Richtung Blankenstein/Hattingen. Sie fährt von April bis Oktober an jedem ersten Sonntag im Monat. Infos unter Tel. 0234-492516.

Nachtigallbrücke

An der Nachtigallbrücke hatte die Zeche Nachtigall ihre Kohlenniederlage. Hier lagerte die Steinkohle bis zu ihrer Verschiffung. Später ist die Steinkohle über die damalige Brücke bis zum Wittener Bahnhof befördert worden.

Burg Hardenstein

Aus dem 13. Jh. stammt die Burg Hardenstein. Seit Mitte des 18. Jhs wurde die Burg nicht mehr bewohnt, sie verfiel zur Ruine.

Back to the roots! Die Wiege des Bergbaus und damit des Ruhrgebiets liegt im Muttental. Hier können 450 Jahre Steinkohlenbergbau wie an keiner anderen Stelle des Ruhrgebiets studiert werden.
Schächte, Stollen, alte Zechengebäude und die Landschaft lassen den Spaziergang zu einem Erlebnis werden.

Anfahrt Hbf Witten (Witten-Zentrum)

DB -Linie 35, **S** 5; Bus 320, 350, 590, 591, 592

Abfahrt **H** Bf Bommern (Witten-Bommern)

Bus 378, 379, 591, 592

Streckenlänge: 11 km (ca. 3 Stunden)

Start:

Auf die Plätze, fertig, los: Verlassen Sie den Wittener Hauptbahnhof nach links (**S**-Bahn und Zug aus Richtung Hagen: Ausgang Auestraße) und folgen Sie der Bergerstraße bis zur Herbeder Straße. Hier geht es nach links durch eine Bahnunterführung vorbei an den Thyssen-Edelstahlwerken.

15 min:

Von der Straße Ruhrdeich biegen Sie nach rechts ab. Der Weg führt Sie in wenigen Minuten direkt zur **Nachtigallbrücke**.

25 min:

An der Nachtigallstraße befindet sich die gleichnamige Zeche. Ihre Glanzzeiten hatte sie anno 1728-189 Nach der Stillegung wurde sie zur Ziegelei Dünkelberg umgebaut.
Sie folgen dem Wanderzeichen **A3** über die Muttentalstraße bis zum Steinbruch Muttental.

40 min:

Vorbei an zwei Stollen erreichen Sie die **Burgruine Hardenstein**.

45 min:

Über Waldwege gelangen Sie zur Zeche Orion, einer der ersten Tiefbauzechen (53 m Schachttiefe, abgeteuft 1832). Ganz in der Nähe versickert die Deipenbecke: ein Bach, der in den unterirdischen Stollen von Orion verschwindet und erst wieder am Ende des St. Johannes Erbstollens die Ruhr erreicht.

60 min:

Auf der Berghauser Straße geht es aufwärts bis zur Gaststätte **Alte Tür**. Weiter nach links, vorbei an der Freiwilligen Feuerwehr Rauendahl, führt der Weg in dichten Nadelwald.

1.10 Std:

Rechts liegt die rekonstruierte Göpelanlage. Mittels einer Seiltrommel zog ein im Kreis laufendes Pferd die Kohle nach oben.

1.30 Std:

Unweit der Rauendahlstraße sind die Anlagen der Schächte **Juno** und **Renate** zu sehen.
Wenn Sie der Hunger quält: Gehen Sie Richtung Parkplatz. Nach links über die Rauendahlstraße ist nach wenigen Metern die Gaststätte **Haus Rauendahl** erreicht.

 Gaststätte Zur Alten Tür, Berghauser Str. 14, Witten, Tel. 02302-73523, geöffnet 11-23 h, Mo Ruhetag.

 Gaststätte Haus Rauendahl, Rauendahlstr. 126, Witten, Tel. 02302-30287, ab April tgl. von 10-1 h.

Schächte

Im Schacht Juno und Renate förderte man bis Mitte des 19 Jh. die Kohle im Göpelbetrieb. Später wurde diese Arbeit mit einer Maschinenhaspel erledigt. Entsprechend der Flöz-Neigung sind die Schächte schräg geführt. Das Schachtgerüst und ein Maschinenhaus von 1890 sind als Rekonstruktionen zu besichtigen.

Das mittelalterliche Schloß Steinhausen

Heven

Espey

Universitätstr.

Herbeder Str.

Sprockhöveler Str.

Wannen Str.

B 235

Herbeder Str.

Herbeder Str.

Ruhr

B 226

Ruhrdeich

B 235

Nachtigall-brücke

Nachtigallstr.

Ehemalige
Ziegelei

Wasser-
gewinnungs-
anlage

Schloß
Steinhausen

Zeche Nachtigall

Auf Steinhausen

Steinbruch
Muttentalstr.

Muttentalstr.

Ehem. Bethaus
Bergbaugesch.
Museum

Kleff

Muttental

Hardensteiner Weg

Museumseisenbahn

Berghauser Str.

Burg
Hardenstein

Naturschutz-
gebiet

Muttenbach

Versickerung
d. Deipenbecke

Berg-
hausen

Muttentalstr.

Muttentalbahn

Rauendahlstr.

Berghauser Str.

Haus
Rauendahl

Zur
Alten Tür

Stollen
Jupiter

Rauendahl

Wilhelmshöhe

Rauendahlstr.

Maßstab: 1: 19 000

0   250   500 m

88

1.35 Std:

Jetzt führt Sie der Weg durch das eigentliche Muttental. Neben zahlreichen Stollen sind links vom Weg die Reste der ehemaligen Muttentalbahn zu sehen.

1.50 Std:

Hut ab zum Gebet: rechts steht das ehemalige Bethaus der Bergleute. Hier mußten sich vor Schichtbeginn die Bergleute zu einer kurzen Andacht zusammenfinden. So konnte man feststellen, ob auch alle Bergleute zur Arbeit erschienen waren. Heute ist das Bethaus Außenstelle des Bergbau-Museums Bochum.

Info

Öffnungszeiten des Bethauses: Apr. bis Okt.: Di-Sa 10-12 h, 14-16 h, Sa 14-18 h, So 11-18 h, Do nachm. geschl.. Nov. bis März: Sa 14-16 h, So 11-16 h, Tel. 02302-31951.

2.20 Std:

Auf den Ruhrhöhen angelangt, liegt Schloß Steinhausen vor Ihnen. Das 1321 erstmals erwähnte Schloß ist seit 1732 im Besitz der Familie von Elverfeldt. Mehrere Generationen lang war die Familie Miteigentümer von Zechen im Muttental.

2.30 Std:

Sie folgen der Nachtigallstraße geradeaus bis zur Kreuzung Bodenborn. Hier ist die Bushaltestelle Bommern Bahnhof.

Achtung

Der Hbf Witten ist von Bommern aus über die Ruhrstraße, Gasstraße und Bergerstraße in ca. 20 min zu Fuß zu erreichen.

Blitzblaues Wellenwunder

Badespaß pur - Freizeit total im Allwetterbad Schützenhof, Schwerte

Eine großzügige Badelandschaft lädt ein: Das Spaßbecken mit 267 qm. Das Trimmbecken mit 326 qm. Und das Solebecken mit 120 qm. 28°-34°C.

Zum Saunen und Sonnen:
Vier Saunakabinen.
Zahlreiche Sonnenbänke.

Zum Spielen und Toben:
Die 55 Meter lange Wasserrutsche, die Grotte mit Wasserfall und Wassersitzstufen, Rutschschräge, Liegemulden, Wasserkanone, Wildwasserkanal.

Zur Entspannung:
Massageduschen, Luftsprudeldüsen, Nackenschwallbrausen und Hot-Whirlpool.

Für die Kleinen und Kleinsten:
Kleinkinderbecken und Saisonbabybecken, Wickelräume.

Und außerdem:
Die große Liegewiese, Spielwiese mit Beachvolleyballfeld und Bolzplatz sowie das gemütliche Restaurant/Bistro und Saunabar.

Öffnungszeiten und Preise:
Mo 12-21.30 h, Di-Fr 10-21.30 h, Sa, So & feiertags 9-21.30 h. Tageskarte Erw. DM 11,–, Kinder DM 8,–.
Sa, So & feiertags: Erw. DM 12,–, Kinder DM 9,50. Erm möglich.

**Schützenstraße 30a
58239 Schwerte
Tel. 02304-22065 od. 22066
Fax 02304-22067**

Gipfelstürmer

27

Von Witten nach Wetter

Auf den Spuren von Luis Trenker. Im
Ardeygebirge geht´s bergauf und bergab.
Kraxeln ist Trumpf. Viel Wald und aussichts-
reiche Höhen entschädigen für die mitunter
schweißtreibende Tour.

Anfahrt HBF Witten

Ⓢ 5, **DB**-Linie 35; Bus 320, 350, 590, 591, 592

Abfahrt Bf Wetter

Ⓢ 5, **DB**-Linie 35; Bus 517, 521, 527, 552, 590,
593

**Streckenlänge: wahlweise 12 km (ca. 3 Std)
oder 16 km (ca. 4 Std)**

Start:

Vom Wittener Hbf aus halten Sie sich rechts (Bergerstraße) bis zum Saalbau, dann rechts in die Grünanlage bis zur Ruhrstraße.

10 min:

Kreuzen Sie die Ruhrstraße und wandern Sie durch
den anschließenden Stadtpark, bis Sie auf dem
oberen Parkweg auf das Zeichen **X20** stoßen. Folgen
Sie diesem nach rechts.

25 min:

Am Hammerteich beginnt das Naherholungsgebiet
Hohenstein. Hier führt Sie der Weg **X20** am Baum-
kundeweg und dem Wildgehege vorbei.

45 min:

Hinter dem Wildgehege treffen Sie bald auf den
Ruhrhöhenweg **XR** des SGV, der Sie bis vor die Tore
von Alt-Wetter leiten wird. Auf diesem Weg kreuzen
Sie den Kohlensiepen und wandern um den Warten-
berg (245,9 m) herum ins Gederbachtal.

1.30 Std:

Nachdem Sie das Gederbachtal durchquert haben,
geht´s am Gut Obergedern vorbei über die Ruhrhöhen.

Info

Rastplätze in Witten auf
dem Hohenstein, in Wetter
am Harkortturm.
Im Wald gibt es mehrere
Schutzhütten.

Der Harkortturm

2.00 Std:

Mitten im Waldgebiet Im Schuppling zweigt nach rechts ein Weg zum Gut Haus Mallinckrodt ab. Riskieren Sie einen Abstecher zum Herrensitz der Industriellenfamilie Mallinckrodt (nicht zu besichtigen). Nach etwa 30 m auf dem Weg **XR** führt ein weiterer Pfad (2. Abzweig links) zum kleinen mallinckrodtschen Privatfriedhof im Wald (Erbgruft).

2.20 Std:

Auf Herdecker Stadtgebiet kommen Sie durch das tiefeingeschnittene Ender Tal und erklimmen hinter der alten Sägemühle wieder die Höhe.

2.30 Std:

Haus Schede liegt vor Ihnen, ein großartiges Bauerngut mit Herrenhaus (mit Uhrturm und Park). Der Weg **XR** führt durchs Torhaus und am Kuhstall vorbei.

2.45 Std:

Sie kommen auf die Straße im Ruhrtal am Stadtrand von Wetter. Hier haben Sie die Wahl: Wer abbrechen möchte, folgt der Kaiserstraße geradeaus und gelangt nach gut 10 min zum Bf Wetter. Wer weiterwandert, geht scharf links einen romantischen Weg durch das Schnodderbachtal bergauf (Weg **XR**).

3.15 Std:

An einer Wegspinne mit Schutzhütte treffen die Haupt-wege **XR**, **X4** und **X20** sowie örtliche Rundwege (**A1**, **A2** usw.) aufeinander. Halten Sie sich rechts an das Zeichen **X4** und wandern Sie auf der Höhe bis zum Harkortturm. Unterwegs können Sie prächtige Fernblicke über den Harkortsee bis tief ins Sauerland genießen.

3.30 Std:

Am Harkortturm endet die Waldtour. Genießen Sie noch einmal die Aussicht (Turmbesteigung möglich) und wandern Sie dann mit dem Zeichen **X20** zur Burg **Wetter** mit der alten Freiheit.

3.40 Std:

Mit dem Weg **X20** (treppab) haben Sie das Ufer des Harkortsees erreicht. Wie wäre es im Sommerhalbjahr mit einer **Bootsrundfahrt** auf dem Harkort- und anschließenden Hengsteysee? Durch die neuere Stadt, über Gustav-Vorsteher-Straße/Kaiserstraße/Bahnhofstraße erreichen Sie in 15 Min den Bf Wetter.

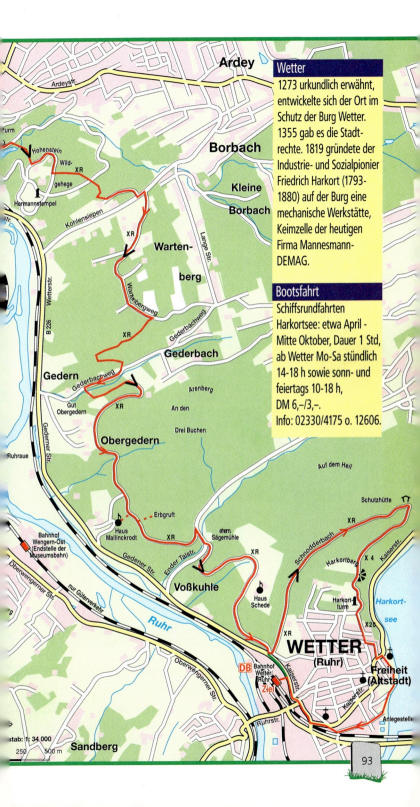

Wetter

1273 urkundlich erwähnt, entwickelte sich der Ort im Schutz der Burg Wetter. 1355 gab es die Stadtrechte. 1819 gründete der Industrie- und Sozialpionier Friedrich Harkort (1793-1880) auf der Burg eine mechanische Werkstätte, Keimzelle der heutigen Firma Mannesmann-DEMAG.

Bootsfahrt

Schiffsrundfahrten Harkortsee: etwa April - Mitte Oktober, Dauer 1 Std, ab Wetter Mo-Sa stündlich 14-18 h sowie sonn- und feiertags 10-18 h, DM 6,–/3,–. Info: 02330/4175 o. 12606.

Bergisches Land

Beyenburg, alter und romantischer Ortsteil von Wuppertal, liegt eingebettet in ein weitläufiges Waldgebiet. Typisch für das Bergische Land, dessen Heimatlied mit der Zeile beginnt: „Wo die Wälder noch rauschen..." Ein bißchen anstrengender wird es gelegentlich in den Wupperbergen. Der Lohn: Gute Luft, traumhafte Aussichten und schöne alte Städte.

Trassen-Tramp

Von W-Cronenberg nach W-Sudberg

Die Nostalgie der Straßenbahn - auf dieser Tour ist sie dabei. Parallel zur Trasse der stillgelegten Linie 5 wandern Sie durch das historische Kaltenbachtal bis nach Kohlfurth. Hier können Sie das Straßenbahnmuseum der Bergischen Museumsbahnen besuchen und - je nach Fahrplan - auch eine Runde mit der Museumsbahn drehen.

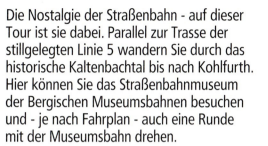

Anfahrt ⒣ Cronenberg Rathaus (W-Cronenberg)

Bus CE 64, CE 65, 605, 613, 625

Abfahrt ⒣ Sudberg (W-Sudberg)

Bus CE 65, 625

Streckenlänge: 7 km (ca. 2 Stunden)

Start:

Ab geht die Post: Folgen Sie von der Hauptstraße aus der Markierung **w** in die Schorfer Straße, gegenüber der Reformierten Kirche. Werfen Sie einen Blick in dieses ehrwürdige Gotteshaus. Im Jahre 1771 wurde es erbaut.
An der Ecke Hauptstraße/Rathausstraße steht die Krings Eck, eines der ältesten Häuser Cronenbergs (1705). In der Schorfer Straße, Nummer 7, sehen Sie das Haus Cleff. 1911 wurde es im Stil des Bergischen Neubarocks errichtet.

10 min:

Durch den alten Ortsteil Unterkirchen gelangen Sie über ein weites Wiesengelände hinunter ins Kaltenbachtal.

20 min:

Nach ca. 200 m Waldweg liegt die Trasse der Museumsstraßenbahn vor Ihnen.

35 min:

Auf schmalen Pfaden wandern Sie durch das besonders idyllische Kaltenbachtal. Weite Wiesen und

Linie 5

Im Jahre 1969 wurde die Linie 5 zwischen Solingen und Wuppertal stillgelegt. Der Verein Bergische Museumsbahnen e.V. setzte sich zum Ziel, einen Teil der Strecke zwischen Wuppertal-Kohlfurth und Wuppertal-Cronenberg (3 km) für den Museumsbetrieb zu erhalten.

Achtung

Wenn die Museumsbahn in Betrieb ist, können Sie zu Beginn der Wanderung ab ⒣ Kaltenbachtal (10 min) bis zur Kohlfurther Brücke (50 min) fahren.

28

Manuellskotten

Im 18. Jh. von der Familie Morsbach errichtet. Der Manuellskotten ist auch heute noch in Familienbesitz. Sehenswert ist das über 7 m hohe Wasserrad. Der Kotten steht unter Denkmalschutz.

Straßenbahnmuseum

Das Straßenbahnmuseum (über 30 Wagen) ist ganzjährig samstags von 11-17 h sowie von Mai bis Oktober sonn- und feiertags von 11-17 h zu besichtigen.
Tel. 0202-470251.
Fahrplan-Infos bitte bei der Stadt Wuppertal erfragen.
Tel. 0202-5631.

zahlreiche kleinere Teiche lassen Urlaubsstimmung aufkommen.

40 min:

Sie kreuzen die Trasse der Museumsbahn und erreichen nach ca. 100 m eine Asphaltstraße. Folgen Sie dem Zeichen Ⓦ. Nachdem Sie über den Staudamm eines vom Kaltenbach gespeisten Stauteiches gegangen sind, erreichen Sie den **Manuellskotten**.

50 min:

An der Straße Unterkohlfurth wenden Sie sich nach rechts, vorbei an der gleichnamigen Haltestelle der Museumsbahn, bis hin zur Kohlfurther Brücke. Hier liegt der Betriebshof der **Museumsstraßenbahn**. Auf der gegenüberliegenden Seite der Wupper bietet Ihnen die Gaststätte Strandcafé die Möglichkeit, sich ▶ *Restaurant* für den bevorstehenden Aufstieg zu den Wupperhöhen zu stärken (Kohlfurther Straße 56, Wuppertal, Tel. 0202-473865, Sommer: Mo-Fr 12-1 h, Sa 11-1 h, So 10-1 h, Winter: Mo-Fr 16-1 h, Sa 14-1 h, So 13-1 h).

1.05 Std:

In Unterkohlfurth treffen Sie wieder auf das Wanderzeichen Ⓦ.

1.10 Std

Jetzt wird es ein wenig anstrengend. Sie steigen hinauf zum **Kotten Schwaffert**, dessen älteste Teile aus dem 17. Jh. stammen. Der Kotten ist heute noch in Familienbesitz. Es werden Metzgerwerkzeuge hergestellt.

1.20 Std:

Von der Kohlfurther Straß
der Sie ca. 200 m folgen,
biegen Sie nach links (Wegeschranke) in einen Laubwald.

1.35 Std:

Über Hangwege wandern Sie durch das Wüstholz, rechts wird der Blick ins Papiermühlen-Bachtal auf der gegenüberliegenden

Nostalgie auf Schienen: die Linie 5

Solinger Seite frei. Die Papiermühle hat eine lange Tradition. 1520 wird sie erstmalig erwähnt.

1.45 Std:

Nachdem Sie den Stiepelhauser Bach überquert haben, liegt links der Hof Stiepelhaus. Nach ca. 200 m zweigt das Wanderzeichen ⓦ nach rechts ab. Sie laufen weiter geradeaus in Richtung Mittelsudberg und gelangen über die Mittelsudberger und die Sudberger Straße zur Endhaltestelle der Buslinien.

Achtung

Wer am Ende der Wanderung noch gut zu Fuß ist, kann dem Zeichen ⓦ und später X29 bis Cronenberg Rathaus folgen (ca. 60 min).

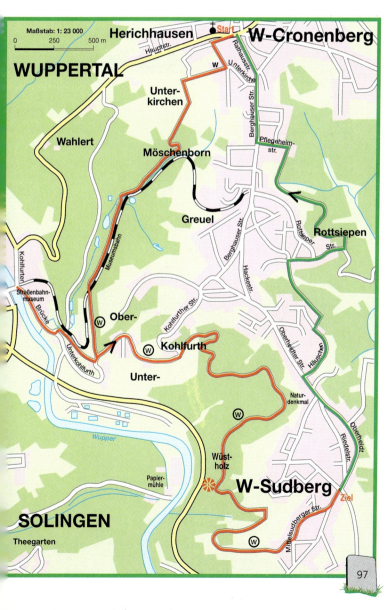

97

Von Remscheid-Mitte nach Lennep

Durchleuchten Sie eine der schönsten Altstädte im Bergischen: Lennep. Hier wurde Röntgen geboren. Dank seiner Erfindung haben wir heute den Durchblick. Außerdem an der Route: die Eschbachtalsperre

Lennep und Röntgen

Lennep erhielt schon 1230 Stadtrechte, war einst Kreisstadt und bedeutendes Zentrum der Gegend. 1929 wurde Lennep nach Remscheid eingemeindet.

Wilhelm Conrad Röntgen erblickte am 27.3.1845 in Lennep das Licht der Welt. Am 10.2.1923 starb er in München. 1895 entdeckte er die sogenannten X-Strahlen, die Materie durchwandern können. Auch heute noch finden sie in der Technik und in der Medizin Anwendung. 1901 erhielt Röntgen als erster den Nobelpreis für Physik. Roentgenmuseum: Schwelmer Straße 41, Remscheid, Tel. 02191-62759, geöffnet Di-Fr 10-16, Sa/So 11-17, Eintritt frei.

Anfahrt Hbf Remscheid

DB-Linie 67; Bus 652, 653, 654, 655, 657, 660, 662, 664, 670, 673, VRS260

Abfahrt Bf Lennep

DB-Linie 67; Bus 636, 664, 669, 671, VRS240, VRS336

Streckenlänge 12 km
(ca. 3 Std)

Das Röntgenmuseum in Lennep

29

Eschbachtalsperre

Von 1888-91 wurde die Eschbachtalsperre als erste Trinkwassertalsperre Deutschlands errichtet. Sie hat 1 Mill. m³ Stauinhalt. Die Sperrmauer mißt 160 m in der Länge und 23 m in der Höhe.

Start:

Sie verlassen den Hbf nach rechts und gelangen rechts durch die Unterführung in die Bismarckstraße. An deren Ende geht es erneut nach rechts. An der Post biegen Sie links ab in die Berghauser Straße.

30 min:

In Berghausen endet die Bebauung, und der Weg führt durch Feld und Wald hinunter ins Eschbachtal.

40 min:

Vor dem Bach wenden Sie sich nach links. Wandern Sie nun mit dem SGV-Wegezeichen **X19** durch das Tal in Richtung Mebusmühle/Talsperre.

60 min:

Nachdem Sie die Autobahn unterquert haben, gelangen Sie zur Staumauer der **Eschbachtalsperre**. Die Wanderung führt am nördlichen Seeufer entlang.

Gastfreundlich: die Lenneper Altstadt

1.20 Std:

Am Nordende der Bucht verlassen Sie den Stausee und wandern durchs Beecker Bachtal.

1.50 Std:

Nach Unterqueren der Bahn kreuzen Sie die B51. Das nach 300 m folgende Dorf trägt den berühmten Namen einer großen Schwester am Rhein: Leverkusen!

2.10 Std:

Am Rande der kleinen Panzer- talsperre dehnt sich ein Nadelwald- bestand mit Trimm-dich-Gelände aus. Durchwandern Sie den Wald bis zum Talsperrenweg.

2.40 Std:

Über Talsperrenweg, Kreuzung B51 (Ringstraße) und Rospattstraße haben Sie den Rand der Lenneper Altstadt erreicht. In der Schwelmer Straße 41 finden Sie das Roentgenmuseum. Etwa 150 m entfernt, am Gänsemarkt 1, steht das Geburtshaus des genialen Forschers.

Den Bahnhof Remscheid-Lennep erreichen Sie ab Karstadt über Poststraße/Bergstraße oder Kölner Straße/Bahnhofstraße.

FITNESS TOTAL

...orting Club in der Bergischen Sonne. Das Fitness-Studio mit hochwertigen ...räten, traumhaftem Ambiente, Gesundheits-Check-Up, Reha-Training, Wirbelsäulen-...nnastik, Ernährungsberatung, Body-Shaping und vielem mehr. Supergünstige Tarife ...lusive der Benutzung aller Einrichtungen der Bergischen Sonne. Informieren Sie sich!

BERGISCHE SONNE

Freizeitbad Lichtscheid · Lichtscheider Straße 90 · 42285 Wuppertal
Telefon 02 02/55 36 05 · täglich geöffnet von 9–23 Uhr; Mi, Fr, Sa bis 24 Uhr

Wanderfull Wupper

Rund um Wuppertal-Beyenburg

Kreuz und quer geht´s über die Wupper. Diese Tour führt Sie in einen stillen Teil Wuppertals, den idyllischen Ortsteil Beyenburg. Viele der gepflegten Fachwerk- und Schieferhäuser sind 200 bis 300 Jahre alt. Sehenswert ist die ehemalige Klosterkirche aus dem Jahr 1497.

An- und Abfahrt (H) Wupperbrücke (Beyenbg)
Bus 569, 616 und 626

Streckenlänge: 12 km (ca. 3 Std)

Schön anzusehen: Wuppertal-Beyenburg

Start:
Von der Haltestelle gehen Sie wenige Meter zurück und treffen auf das Wanderzeichen ⬛. Sie folgen ihm nach links in die Kurvenstraße. Auf der anderen Seite der Eisenbahnbrücke stoßen Sie auf das Wanderzeichen Ⓦ - folgen Sie ihm nach links.

20 min:
Sie überqueren die Wupper auf einer Fußgängerbrücke und wandern am Beyenburger Stausee entlang. Zahlreiche Kanuvereine haben hier ihre Bootshäuser.

40 min:
Am Ende des Sees überqueren Sie die Wupper abermals und halten sich links. Nach 200 m biegen Sie rechts ab und folgen dem Wanderzeichen **A2**. Es geht steil bergauf.

50 min:

Auf der Höhe sehen Sie die Wupperberge und Remlingrade.

60 min:

Beim Gehöft Rottland spazieren Sie nach rechts in den Buchenwald (Zeichen **A3**). Auf schmalen Wegen geht es hinunter ins Hengstener Bachtal.

1.30 Std:

Bergab führt der Weg ins Herbringhauser Tal, dort folgen Sie der Markierung **A4** nach rechts.

2.10 Std:

Sie haben die untere Herbringhauser Talsperre erreicht. **Achtung:** Gehen Sie an der Umzäunung entlang und folgen Sie dann dem aus entgegengesetzter Richtung kommenden Zeichen 🛗 nach rechts. Gruß an die Waden, Sie wandern jetzt auf einem steil ansteigenden Waldpfad.

2.30 Std:

Vorbei an einem Sportplatz bringt Sie die Markierung über steile Waldwege zurück zum Ausgangspunkt Ihrer Wanderung.

Restaurant Beyenburg ist ein beliebtes Ausflugsziel und bietet daher eine vielfältige Gastronomie. Vom Eiscafé über Pizzerien bis hin zum noblen Restaurant ist alles zu finden.

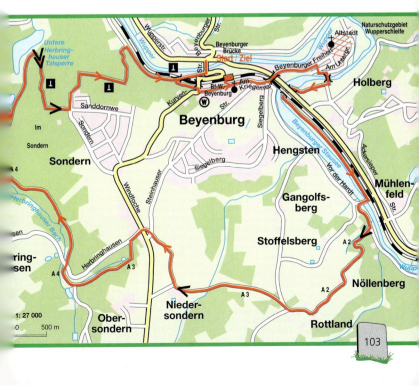

Steinzeit

Vom Haspertal nach Ennepetal-Milspe

Die Unterwelt entdecken! Diese Tour führt Sie zu einer der größten Höhlen Deutschlands, der Kluterthöhle. Geheimnisvolle Gänge und bizzare Innenräume erwarten Sie. Aber Vorsicht, is cool man.
Bevor Sie sich in die Höhle des Löwen wagen, geht es zur eindrucksvollen Haspertalsperre und zum Hohenstein.

Anfahrt Ⓗ **Beuke (Ennepetal-Hasperbach)**

Bus 511

Abfahrt Ⓗ **Ept.-Busbahnhof (Ennepetal-Milspe)**

Bus SB37, 511, 551, 559, 560, 561, 562, 567, 572, 573, 574, 608

Streckenlänge: 9 km (gut 2 Stunden)

Die Unterwelt im Ennepetal: der Westsee in der Kluterthöhle

Start:

Die Tour beginnt an der Ecke Hagener Straße/ Talsperrenweg. Folgen Sie dem Talsperrenweg ca. 50 m. Biegen Sie dort nach links und nach wenigen Metern rechts ab auf den Bahnkörper der ehemaligen Straßenbahn.

30 min:

In Plessen sehen Sie rechter Hand das beeindruckende Straßenbahnviadukt. Bis 1963 ratterte die Straßenbahn in Richtung Ennepetal-Voerde über diese Talbrücke. Lassen Sie die Brücke rechts liegen und gehen Sie geradeaus bis zur Staumauer der Haspertalsperre.

40 min:

Sie erreichen die **Haspertalsperre**. Auf der anderen Seite der Staumauer sehen Sie die Markierung ◈. Folgen Sie ihr steil bergauf.

60 min:

Kurz hinter Bilstein führt der Weg in dichten Wald. Hotzenplotz läßt grüßen. Am Hang des Bilsteiner Berges Ohren anlegen: es geht hinab ins Ennepetal.

1.20 Std:

Kurz vor Erreichen des Tales kreuzt der Ennepehangweg, der von Hagen-Haspe zur Ennepetalsperre führt. Biegen Sie scharf nach rechts ab, den steilen Pfad hinauf. Auch dieser Wanderweg ist mit ◈ markiert.

1.50 Std:

Schmale Pfade und Treppen bringen Sie auf den **Hohenstein**. Langer Atem zahlt sich aus, denn von hier haben Sie weite Ausblicke ins Tal der Ennepe und auf die gegenüberliegenden Höhen.

2.10 Std:

In Altenvoerde verläßt der Weg den Wald und führt kurzzeitig über Straßen. Nach 10 Minuten biegen Sie nach rechts ab. Hier läuft der Weg zwischen Bahn und Wald entlang. 200 m weiter erreichen Sie das Ziel, die **Kluterthöhle**.
Zur Rückfahrt gehen Sie über die Fußgängerbrücke, die dem Höhlenausgang gegenüberliegt, zum Haus Ennepetal. Auf der anderen Seite halten Sie sich rechts und erreichen nach ca. 200 m den Bus-bahnhof.

Haspertalsperre

Die Haspertalsperre, erbaut 1904, hat ein Fassungsvermögen von 2,1 Mio m³. Sie versorgt die Stadt Hagen mit Trinkwasser. Die Staumauer ist 260 m lang.

Kluterthöhle

Die Kluterthöhle ist die zweitlängste vermessene Höhle Deutschlands. Auf 6 km schlängeln sich die Gänge labyrinthartig durch's Gestein. Durch das besondere Klima ist die Höhle als Asthmaheilstätte weltbekannt. Öffnungszeiten tgl. 9-18 h, Sa, So 9-17 h. Führungen finden regelmäßig statt. Tel. 02333-98800, Eintrittspreise: DM 4,–/2,50. Abenteuerlustige können in einer Erlebnisführung die schwer zugänglichen Höhlenteile erkunden - für DM 7,–. Eine Anmeldung ist jedoch erforderlich.

Achtung

Wer ins Ruhrgebiet zurück fährt und dabei noch reizvolle Landschaften sehen möchte, sollte ab Ennepetal den StädteSchnellBus SB37 nach Hattingen/Bochum benutzen.

Steter Tropfen höhlt den Stein

Höhle ist nicht gleich Höhle. Die Wissenschaft unterscheidet je nach Entstehungsart zwei Typen: die Primärhöhle und die Sekundärhöhle. Die Primärhöhle entstand zusammen mit dem Umgebungsgestein. Sie ist, salopp gesagt, ein Hohlraum, den die Natur zu füllen vergaß.

Die Sekundärhöhle ist der häufigere Höhlentyp. Sie verdankt ihre Entstehung den Erosions- und Korrosionskräften. Millionen Jahre nach der Gesteinsbildung höhlten unterirdische Wasserläufe das Gestein aus - bis auf den heutigen Tag, wie zum Beispiel in der Kluterthöhle. Dadurch, daß das Wasser Sand, Geröll oder gar Felsbrocken mitschleppt, wirkt es wie ein Schmirgelpapier: es schleift den Felsen ab - die Höhle entsteht. Diesen Vorgang nennt man Erosion.

Weit wirksamer für die Höhlenbildung ist jedoch die Korrosion, d.h. die physikalische Lösung des Gesteins im Wasser. Im Prinzip sind alle Gesteinsarten wasserlöslich, die einen mehr, die anderen weniger. Salz- und Gipsgestein lösen sich gut. Kalk und Dolomit dagegen sind harte Brocken. Hier muß die Chemie nachhelfen. Wasser bildet mit Kohlendioxid eine schwache Säure, nämlich Kohlensäure, und die kann mit der Zeit fast alles lösen. Je mehr Kohlensäure im Wasser enthalten ist, desto aggressiver greift es das Kalkgestein an.

Messungen haben ergeben, daß das Bachsystem der Kluterthöhle einen enorm hohen Kohlendioxid-Gehalt hat, Gestein also hervorragend abbaut. So erklären sich die Experten die ungeheure Gangdichte der Höhle und den hohen, heilsamen Kohlendioxid-Gehalt der Luft.

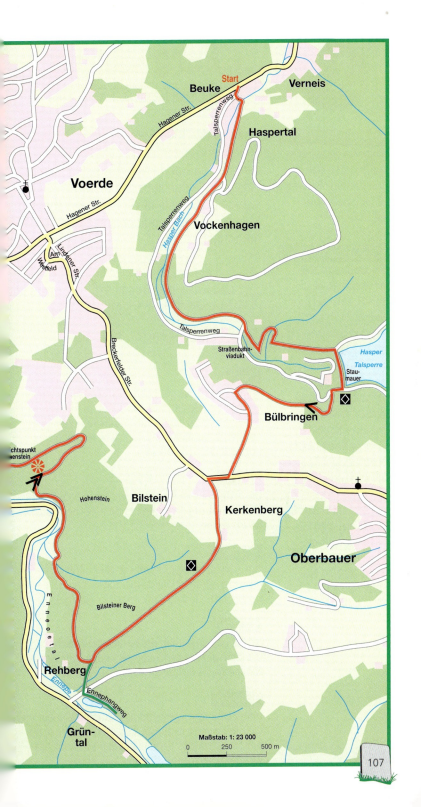

Beuke
Start
Verneis

Hagener Str.
Talsperrenweg

Haspertal

Voerde

Hagener Str.

Talsperrenweg
Hasper Bach

Vockenhagen

Lindener Str.
Am Westfeld

Breckerfelder Str.

Talsperrenweg

Straßenbahn-
viadukt

Hasper

Talsperre
Stau-
mauer

Bülbringen

Aussichtspunkt
Hohenstein

Hohenstein

Bilstein

Kerkenberg

Oberbauer

Bilsteiner Berg

Ennepetal

Rehberg

Ennepe
Ennephangweg

**Grün-
tal**

Maßstab: 1: 23 000

0   250   500 m

Berg und Tal

Einblicke ins schöne Sauerland

Schloß Hohenlimburg

Die zum Barockschloß umgebaute Anlage aus dem 13. Jh. umfaßt die Vorburg (14. Jh.) und als Kernstück den inneren Hof mit Ringmauer, Wehrgang und Ecktürmen. In dem alten Palais sind das Heimatmuseum und das deutsche Kaltwalzwerk-museum untergebracht. 24 Kaltwalzwerke sind in Hohenlimburg ansässig, u.a. Krupp und Hoesch. Sie erzeugen 60% des kaltgewalzten Bandstahls in Deutschland. Alter Schloßweg 20, Hagen, Tel. 02334-2771 oder 02331-2072740, Di-So 10-18 h (April-September), 13-16 h (Oktober-März).

Ins Land der 1000 Berge führt Sie diese Tour. Vom Tal der Lenne geht es bergauf zum oberen Nahmertal. Ausgedehnte, einsame Waldgebiete und herrliche Fernsichten ins Sauerland versprechen schöne Stunden. Aber: Kondition sollten Sie schon mitbringen.

An- und Abfahrt Bf Hohenlimburg

DB-Linien SE4, 50; Bus 507, 515, 518, 525, 530, 531, 537, 538, 539, MVG1, MVG15

Streckenlänge 14 km (ca. 3.30 Std)

Start:

Vom Bahnhof aus gelangen Sie über den Bahnübergang in die Herrenstraße. Nach 100 m folgen Sie dem Zeichen ◯ links in die Kaiserstraße (am Platz der sieben Kurfürsten). Sofort geht es steil rechts hoch auf den Schloßberg.

20 min:

Die erste Höhe ist bewältigt, vor Ihnen liegt **Schloß Hohenlimburg**. Der Weg mit dem Zeichen◯führt Sie ins Grüne.

60 min:

Am Schleipenberg (336 m) schweift der Blick ins Tal und über die sauerländischen Höhen. Kaum zu fassen, aber Sie sind immer noch im Ruhrgebiet.

1.15 Std:

Sie haben nun bergab das Nimmertal erreicht und wandern auf der gegenüberliegenden Seite des Nimmerbachs Richtung Nahmertal.

1.30 Std:

Hinter Lahmen Hasen wird das Nahmertal enger und die Besiedlung tritt zurück. Das Wanderzeichen ◯ führt Sie bald links bergauf auf den Viehkopf. Sie wandern durch ausgedehnte Waldgebiete.

2.45 Std:

Ein langer, einsamer Hochwaldabschnitt liegt unter Ihnen. Nun haben Sie wieder den Rand von Hohenlimburg erreicht. Über Vorstadtstraßen geht es ins Lennetal zum Ortskern Hohenlimburg.

3.30 Std:

Bevor Sie am Bahnhof die Heimfahrt antreten, sollten Sie einen Bummel durch Hohenlimburgs Fußgängerzone am **Lenne**ufer einlegen. Hohenlimburg hat einen netten Ortskern.

Die Lenne

Die Lenne ist linker Nebenfluß der Ruhr und 131 km lang. Sie entspringt am Kahlen Asten und mündet in Hagen am Hengsteysee in die Ruhr.

Von Hagen-Selbecke nach Zurstraße

Freilichtmuseum

Innerhalb der letzten 25 Jahre entstand die heutige Gestalt des Freilichtmuseums. Technische Kulturdenkmäler wurden sorgfältig demontiert und hier am Mäckinger Bach wiederaufgebaut.
50 historische Gebäude und Objekte geben einen Einblick in die Entwicklung der Technik. In den Gebäuden sind Mitarbeiter des Museums u.a. als Buchdrucker, Schmiede und Seiler tätig.
Öffnungszeiten: März bis Oktober, Di-So und an Feiertagen 9-18 h, Einlaß bis 17 h. November: Di-So 9-17 h, Einlaß bis 15.30 h, Dez.-Feb. geschlossen, DM 5,–/2,– , Tel. 02331-78070, für Führungen Tel. 02331-780739

 Zur Stärkung für die anschließende Wanderung ist die Altbierstube im Untergeschoß der Brauerei empfehlenswert. In der Bäckerei wird das dort nach alten Rezepten gebackene Brot täglich verkauft.

Handwerk hat goldenen Boden. Das galt vor allem zu Urgroßvaters Zeiten. Im Freilichtmuseum Hagen sehen Sie die Handwerkskünste der Schmiede und Seiler, Küfer und Bäcker. Was heute Maschinen erledigen, erforderte früher künstlerisches Geschick und oft enorme Kraft.

Anfahrt (H) Freilichtmuseum (Hagen-Selbecke)
Bus 84, 503

Abfahrt (H) Zurstraße (Breckerfeld-Zurstraße)
Bus 84, 503

Streckenlänge: 6 km (ca. 1.30 Std reine Gehzeit)

Start:

Sie gehen entlang des Mäckinger Bachs in Richtung Freilichtmuseum.

15 min:

Sie stehen vor dem Eingang des **Freilichtmuseums Hagen**.
Der Rundgang durch das Museum beginnt im unteren Teil; die Gebäudegruppen beherbergen Betriebe der sogenannten Nicht-Eisenmetall-Verarbeitung. Hier kreist der Hammer: Kupferhammerwerke, kleine Schmieden, aber auch ein komplettes Zinkwalzwerk können Sie hier besichtigen. Das zweite Areal zeigt die Geschichte der Eisenverarbeitung in der bergisch-märkischen Region - sehr beeindruckend.
Auf dem Weg in den oberen Teil des Museums liegen Anlagen zur Papierherstellung. Wenn Sie dann die anschließende Treppe hochklettern, läuft Ihnen bestimmt das Wasser im Mund zusammen: Bäckereien, Gasthäuser, Tante-Emma-Läden und eine **Brauerei** liegen am Weg. Zum Schluß geht es auf die Reeperbahn. Mit der Hamburger Meile hat sie jedoch wenig gemein. Das auffällige 72 m lange Gebäude beherbergt eine sehenswerte Seilerei. Sie wenden

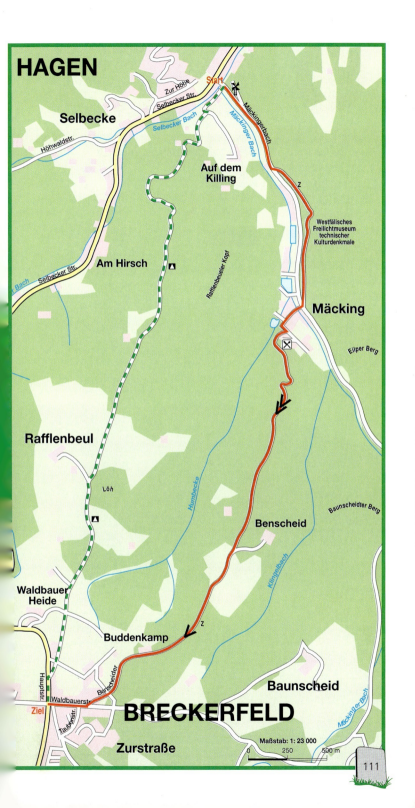

HAGEN

Selbecke

Zur Höhe
Selbecker Str.
Selbecker Bach
Höhwaldstr.

Start

Mäckingerbach
Mäckinger Bach

Auf dem Killing

z

Westfälisches Freilichtmuseum technischer Kulturdenkmale

Selbecker Str.
Am Hirsch

Rafflenbeuler Kopf

Mäcking

Eilper Berg

Rafflenbeul

Löh

Humbecke

Baunscheidter Berg

Benscheid

Klingelbach

Waldbauer Heide

Buddenkamp

z

Baunscheid

Hauptstr.
Ziel
Waldbauerstr.
Benscheider
Taubenstr.

BRECKERFELD

Zurstraße

Mäckinger Bach

33

sich zurück nach rechts und gehen in Richtung Haus Letmathe (Gaststätte). Dann folgen Sie dem Wanderzeichen **Z** bergauf.

Achtung

Wer noch bei Kräften ist, kann auf dem Wanderweg (△) zurück zum Ausgangspunkt laufen (ca. 1 Stunde Fußweg, nur bergab). Falls Sie noch Lust haben, können Sie die Turmwindmühle, die oberhalb des Parkplatzes am Museum steht, besichtigen.

Beginn der Wanderung:

Sie verlassen das Museumsgelände und steigen weiter aufwärts zum Ort Zurstraße.

30 min:

Am Bauernhof Branten haben Sie die Höhe fast erklommen.

60 min:

Zurstraße liegt vor Ihnen. Sie stehen 400 m über NN. Hier endet die Tour. Nach rechts gelangen Sie über die Waldbauerstraße zur Hauptstraße mit den Rückfahrtbussen nach Hagen.

Für eine Wandertour bestens geeignet: das Freilichtmuseum H

Zeit der Raubritter

Von Velbert-Nierenhof nach Hattingen

Auf schmalen Bergpfaden wandern Sie durch das ehemalige Revier mittelalterlicher Raubritter. Der alte Handelsweg Köln-Leipzig machte das Räubergeschäft lukrativ. Aber keine Panik, die Langfinger sind seit längerer Zeit nicht mehr gesehen worden. Ziel der Tour ist Hattingen. Mit 300 erhaltenen Bauten aus den letzten fünf Jahrhunderten ist Hattingen die größte geschlossene Altstadt im Ruhrgebiet.

Anfahrt Bf Velbert-Nierenhof

DB-Linie 9, bzw. Nierenhof/Busbahnhof:
Bus 177, 331, 637, 647, 766, 771

Abfahrt Ⓢ-Bf Hattingen Mitte

Ⓢ **3; Straßenbahn 308; Bus CE31, SB37, 141, 331, 332, 335, 356, 358, 359, 591, 647**

Streckenlänge 11 km, ca. 3.30 Std einschließlich Altstadtrundgang

Start:

Vom Bf Nierenhof aus geht's über die Bonsfelder Straße zum Busbahnhof. Sie wandern die Hattinger Straße hoch bis zum Treffpunkt mit dem SGV-Hauptwanderweg **X28**; dann weiter geradeaus bis zum ersten Weg links.

20 min:

Mit dem Zeichen **X28** geht es bergauf zum Isenberg-Kammweg. Der steile Aufstieg wird durch eine anschließende Höhenwanderung auf romantischen Bergpfaden belohnt. Hier war einst das Revier der Ritter von Isenberg.

50 min:

Von rechts hat sich der Ruhrhöhenweg **XR** zum Weg X28 gesellt. Gemeinsam geht es weiter bis zur Ruine der **Isenburg**. Bevor es links steil bergab geht, sehen Sie sich die Ausgrabungen der **Burganlage** an.

Info

Für Familien mit Kindern geeignet. Zünftige Rast in historischer Umgebung auf dem Gelände der Isenburg.

Isenburg

Man schrieb das Jahr 1225. Kölnische und märkische Truppen eroberten die Isenburg und brannten sie nieder - als Rache für die Ermordung des Kölner Erzbischofs Engelbert durch den Burgherrn Friedrich von Isenberg.

Burganlage

In mühevoller Arbeit wurde von der archäologischen Arbeitsgemeinschaft („Buddel AG") des Hattinger Gymnasiums Waldstraße die untergegangene Burg ausgegraben und teilweise wiederaufgebaut. Auf dem Gelände steht die burgähnliche Villa Custodis, als privates Landhaus im letzten Jahrhundert errichtet. Rechts von der Villa haben Sie einen phantastischen Blick ins Ruhrtal und auf das bewaldete Hügelland ringsum.

113

34

Leinpfad

Auf dem Uferpfad zogen Pferde an Leinen die Kohlenschiffe (Ruhraaken) Richtung Duisburg und machten die Ruhr zum meistbefahrenen Fluß Europas - bis die Eisenbahn den Schiffsbetrieb zum Erliegen brachte.

1.15 Std:

Da, wo **XR** und **X28** sich trennen, folgen Sie dem Weg **X28** nach rechts. Sie erreichen den Wanderparkplatz im Ruhrtal und den Leinpfad am Ufer. Hier kreuzte einst an der Isenburger Furt die alte Handelsstraße Köln-Leipzig die Ruhr. Sie wandern nun über einen erhaltenen Abschnitt des alten **Leinpfads** mit historischer Pflasterung.

1.50 Std:

Hinter der Eisenbahnbrücke verlassen Sie das Ruhrufer und gelangen parallel der Bahn zur Bochumer Straße. Dort geht´s rechts bergauf zur Brücke bis zum Bahnhof Hattingen.

2.15 Std:

Auf der Bahnhofstraße, vorbei am ehemaligen Kreishaus und der Kirche St. Peter und Paul, sind Sie zum Rand der Altstadt **Hattingen** gelangt. Es schließt sich ein Rundgang durch die alten Gassen an:

Abendstimmung in Hattingen

Maßstab: 1: 37 000

1

Am Platz des ehemaligen Weiltors haben Sie die Altstadt betreten und beginnen Ihren Rundgang an der Stadtmauer.

2

Auf den Resten eines halbversunkenen Wehrturms wurde das Zollhaus errichtet.

3

Im Krämersdorf steht der Glockenspielturm (Rest der kriegszerstörten Johanniskirche).

4

Am Untermarkt befindet sich das Rathaus (1576).

5

Sie gelangen zum Bügeleisenhaus. Der magische Schild des 1611 erbauten Gebäudes sollte ehemals Dämonen abwehren.

6

Sie sind nun auf dem schönsten Kirchplatz Westfalens mit der St.-Georgs-Kirche, der alten Lateinschule und den Wachszinshäusern.

7

Über Kirchstraße und Emschestraße haben Sie den Platz des ehemaligen Steinhagentors erreicht.

8

Der Weg führt nun an der Stadtmauer mit ihren Schießscharten entlang.

9

In der oberen Grabenstraße ist noch der ursprünglich 5 m tiefe Zingelgraben erhalten, heute eine Grünanlage mit Feuchtbiotopen.

10

Im Horst und in der folgenden Johannisstraße erwartet Sie wieder ein prächtiges Viertel alter Fachwerkbaukunst.

11

Am Obermarkt mit dem Treidelbrunnen endet die Tour. Bummeln Sie nun über die Haupteinkaufsstraße. Bergab über die Heggerstraße und die Gelinde kommen Sie zum Bus-Bf, S-Bf und zur Straßenbahn.

Hattingen

Hattingen wurde erstmals 990 urkundlich erwähnt. 1396 kamen mit der Befestigung die Stadtrechte, 1420 trat Hattingen der Hanse bei. Heute leben ca. 60000 Einwohner in der Stadt.

Museum in Hattingen

Kulturgeschichtliches Museum im Bügeleisenhaus, Haldenplatz 1, Hattingen, Tel. 02324-21908, geöffnet So 15.30-19 h, Eintritt DM 2,–/1,–.

Museumszug

Am 1. Sonntag im Monat von April bis Oktober sowie an einigen Feiertagen können Sie die Wandertour nach Hattingen mit einer anschließenden Museumszugfahrt verbinden. Ab Bahnhof Hattingen/Ruhr geht´s in Richtung Herbede-Witten über Bommern bis Wengern-Ost. Info: DGEG-Eisenbahnmuseum Bochum-Dahlhausen, Dr.-C.-Otto-Str. 191, Bochum, Tel. 0234-492516. In Herbede und Witten können Sie im Anschluß eine Schiffstour auf der Ruhr und dem Kemnader See einlegen. Info: Stadtwerke Witten, Tel. 02302-91730.

Die Wallfahrtskirche in Velbert-Neviges

Stiefges

Frohnenberg

Tex

Am
Neuenhaus

Start
DB

Bf
Langenberg

Langenb

◇6

Bert

Brink

Drons

Triebel

◇7

Fah
sch

Hagenbockses

Im Örk

Krüdenscheid

Löh

◇3

◇7

Dahl

Kuhlen-

Windrath

Zwingenberg

Halfmannsberg

Schwagen-
scheid

◇3

◇7

◇3

Untere-
Lohmühle

dahl

Oberlünes

Stöckern

Horst

◇7

Unter-
lünes

Stadt-
archiv

Hardenberg

7

Donnenberg

DB Bf Neviges

Neviges

rat

1

2

3

4

6

5

Wilhelm-

Ziel-
Str.

Siebeneicker Str.

Maßstab:

0   2

Laufende Andacht

35

Eine Wallfahrt nach Velbert-Neviges

„Wie herrlich ist´s auf grünen Pfaden, die Seele rhythmisch zu entladen." Vielleicht steckt in diesem Satz des norwegischen Zeichners Gulbransson das Geheimnis der Wallfahrer. Mit dieser andächtigen Tour zum Wallfahrtsort Neviges können Sie dem Geheimnis auf die Spur kommen.

Anfahrt Bf Langenberg
DB-Linie 9; Bus 647, 766, 769, 770, 771

Abfahrt Bf Ortsmitte Neviges
DB-Linie 9; **(H)** Neviges Markt: Bus 627, 647, 649

Streckenlänge: 10 km (ca. 2.30 Stunden)

Start:
Gehen Sie über den Langenberger Bahnhofsvorplatz und dann rechts in die Hauptstraße; kurz darauf wieder rechts ab in die Kamperstraße zum Kroweinplatz (an der Kirche). Schauen Sie auf der Bachbrücke mal nach links: In einem romantischen Winkel der Stadt fließen Deilbach (links) und Hardenberger Bach (rechts) zusammen.

10 min:
Inmitten der hübschen Langenberger Altstadt stoßen Sie auf das Wanderzeichen **◇6**. Folgen Sie ihm nach links, Richtung Markt/Ev. Kirche (Zwiebelturm). Der Weg kreuzt die Hauptstraße und führt durch einen kleinen Park ins Deilbachtal.

15 min:
Am Frei- und Hallenbad Nizzabad gehen Sie geradeaus bis zur Donnerstraße. Dann begleitet Sie vorläufig rechts steil bergauf das Zeichen **◇7**.

30 min:
Der Wald liegt hinter Ihnen, nun geht es weiter über eine Höhenstraße (Alaunstraße) mit prächtigen

Info
Für Familien mit Kindern ist der Weg geeignet. Personen mit Kinderwagen benutzen ab Donnerstraße (im Text unter 35 min) die Auffahrt zur Gaststätte Dronsberg/Pfannkuchenmühle. Über diese Auffahrt erreichen Sie im Wald ebenfalls den Weg **◇7**.

Die Altstadt von Neviges

Schloß Hardenberg

Der Name des Schlosses verweist auf die Herrschaft Hardenberg, die erstmals 1145 erwähnt wird. Nach einem Brand 1680 wurde das Schloß auf die heutige Größe erweitert. Kurz nach dem 2. Weltkrieg kam es in öffentlichen Besitz. Von 1965-75 wurde es restauriert. Heute ist in den Räumen das Stadtarchiv, die Galerie Schloß Hardenberg und die Gemäldesammlung des Fabrikanten Walter Stein untergebracht. Städtische Museen Velbert, Zum Hardenberger Schloß, Velbert, Di-So 10-12 h und 14-18 h, Tel. 02053-912213 oder 02053-9120. Eintritt frei.

Franziskanerkirche

Seit 1681 wird in der Franziskanerkirche ein Marienbild verehrt. Das machte den Ort als Wallfahrtsziel weithin bekannt.
Noch heute obliegt den Franziskanern des Klosters die Betreuung der zahlreichen Wallfahrer.

Fernsichten. Links fällt der Blick in das Erholungsgebiet Elfringhauser Schweiz. Geradeaus sehen Sie Wuppertal-Nord und Velbert-Tönisheide. Rechts erkennen Sie über die Bauerschaften Kuhlendahl, Richrath und Wallmichrath hinweg Velbert-Mitte.

1.15 Std:

Am Krüdenscheider Weg geht das Zeichen ◇7 rechts ab; Sie bleiben jedoch nun mit dem Zeichen ◇3 auf der Höhe. Nach 10 min gesellt sich der Weg ◇7 wieder dazu.

1.30 Std:

An einer Schutzhütte am Waldrand folgen Sie dem Zeichen ◇7 bergab zum **Schloß Hardenberg** . Nach Überquerung der Bahnstrecke Essen-Wuppertal wandern Sie parallel zur Bahn bis zum Ziel der Wallfahrer, dem modernen Mariendom.

1

Am Bahnhof rechts, noch vor der Wallfahrtskirche, befindet sich der Kreuzberg mit dem Kreuzweg.

2

Für die Scharen der Wallfahrer wurde 1968 die neue Wallfahrtskirche (Mariendom) errichtet. Architekt war Gottfried Böhm. Der Innenraum ist mit seiner Pflasterung und den Laternen wie ein Marktplatz gestaltet.

3

In der nördlichen Elberfelder Straße liegt die 1670 erbaute **Franziskanerkirche**.

4

Die für Neviges typischen Fachwerk- und Schieferhäuser sehen Sie am Kirchplatz.

5

Die obere Elberfelder Straße ist Nevigeser Bummel- und Shoppingzone.

6

Für Busfahrgäste liegt die zentrale Haltestelle Neviges Markt am günstigsten.

7

Bahnfahrer gehen über die Elberfelder Straße zurück zum Bahnhof (durchgehend Stundentakt Richtung Langenberg-Essen bzw. Wuppertal).

Münsterland

ie sehen Ihr Ziel immer schon am Horizont. Kaum ein Hügel
emmt den Blick über die weite, stille Landschaft. Leichte Wande-
ngen durch die grünen Ebenen, vorbei an trutzigen Gehöften,
urch hübsche Dörfer und historisch gewachsene Städte. Mancher-
rts scheint es, als sei die Zeit stehengeblieben - das richtige für
holsame Stunden am Wochenende.

36 Oldie but Goldie

Von Raesfeld nach Erle

Alexander Graf von Velen wählte die Landgemeinde Raesfeld in den letzten Jahren des 30jährigen Krieges zu seiner Residenz. Der Generalfeldmarschall wurde auch der westfälische „Wallenstein" genannt. Die Wanderung führt zum Schloß und weiter ins Dorf Erle, bekannt durch die 1500jährige Eiche.

Anfahrt Ⓗ **Raesfeld Ortskern (Raesfeld)**
Bus 245 und 294

Abfahrt Ⓗ **Silvesterstraße (Raesfeld-Erle)**
Bus 245 und 294

Streckenlänge: 10 km (ca. 2.30 Std)

Start:
An der Haltestelle wenden Sie sich nach rechts, bis Sie auf die Zeichen **X2** und **X11** stoßen. Hier biegen Sie rechts ab in Richtung Rathaus.

20 min:
Die Freiheit Raesfeld mit Schloßkapelle (1658) ist erreicht. Nach rechts gehen Sie über eine Brücke in den Schloßhof und den Schloßpark. Sie folgen dem Zeichen **X11**, vorbei an den Teichen des Tiergartens.

50 min:
Sie verlassen den Wald links an der Ruine einer ehemaligen Wassermühle.

1.30 Std:
Sie folgen dem Wanderzeichen **A4** nach links. Nach 20 min überqueren Sie die Landstraße nach Marienthal und kommen zur **Ziegelei Menting**. Folgen Sie dem Wanderzeichen **X15**.

2.00 Std:
Kurz vor der Windmühle Schwane (erbaut 1848, heute in Privatbesitz) biegen Sie nach links auf den Wanderweg **A1** ab.

Löchte
Weseler S
B 70

Achtung
Besonders an Wochenenden Abfahrtszeiten der Busse erfragen!

ehemalige Mühle
Mühlenbach

Erler Mark

Lehmbrockweg

X 11

Westricher

Eltsfort

Dämmerwalder Str.

SCHERMBE

Maßstab: 1: 27 000
0   250   500 m

RAESFELD

Roring

Start

Weseler Str.

Freier Plätten

Künnen-kamp

Freiheit

Wasserschloß
Raesfeld

heit

Marbecker Str.

Dorstener Str.

B 224

Schloß Raesfeld

Das Schloß Raesfeld ist seit 1952 Hauptsitz der Akademie des Handwerks NRW. Führungen sind dennoch möglich. Der Verkehrsverein bietet ein ganz besonderes Vergnügen an: das Historische Ritteressen im Rittersaal. Restaurant Schloß Raesfeld, Freiheit 27, Tel. 02865-8018/9. Tgl. geöffnet von 11-22.30 h, So ab 18 h geschlossen.

Das Schloß Raesfeld aus dem 17. Jahrhundert

Erle

Ziel

Uröste X 11

Pötter

Pötterberg

A 4

Steensiepe

Marienthaler Str.

A 4

Zur Pennhütte

Lohnweg

Marienthaler Str.

Hegerfeld

Hegerfeld

Westrich

Ziegelei
Menting

Mühlenweg

X 15

Westricher Str.

Pohlhoff

Ekhornsloh

Femeiche

Sundern

A 1

ehemalige Mühle

Mühlenweg

X 15

Sundern

Schermbecker Str.

Schnee-
mannshof

Allwenne

Ziegelei Menting

Ziegelei Menting, Westricherstr. 63, Schermbeck, Tel. 02865-7032, Mo-Fr 9-18 h, Sa 9-13 h, So ab 12 h. In der Ziegelei gibt´s zur Stärkung Kaffee und Kuchen.

..20 Std:

ach Überqueren der Kreisstraße sehen Sie nach enigen Schritten die Femeiche. Die Ravens- oder meiche war in grauer Vorzeit eine germanische ultstätte. Mit einem Umfang von 5 m und einer öhe von 15 m macht sie ordentlich was her. Aber ese Daten sind nichts im Hinblick auf das Alter: rmutlich steht sie schon seit 1500 Jahren an dieser elle. An der Silvesterstraße ist die Bus-Haltestelle.

SCHERMBECK

Schild
Niermann

Ehem. Bhf.
Schermbeck

Alte Poststr.

Witte Berge

Emmelkä

nur Güterverkehr

Umspannwerk

Alte Fährstr.

Witte Berge

Am
Butenberg

Felder-
hof

Hagenbecker

Im Sand

Terhard

Maaselstr.

Bischof

Gröting

Ha
Hage

Kirchstr.

Im Aap

Brückenweg

Elsenweg

Lippe

Naturschutz-
gebiet

Schafkä

Am Halswick

Wesel-Datteln-Kanal

Gahlen

Östricher Str.

Maßstab: 1: 36 000

0   250   500 m

Hemmert-
Halswick

Bester Str.

Gahlener Str.

Bruchstr.

Bruchmühle

37 **Uferpromenade**

Von Dorsten Mitte nach Holsterhausen

Idyllisches Gahlen

Zwei Wasserwege begleiten Sie durch eine weitläufige Auenlandschaft: die Lippe und der Wesel-Datteln-Kanal. Die ruhige Land-schaft zwischen den Wasserläufen ist als Vogelparadies bekannt. Und Sie wissen ja: wo Vögel sich wohl fühlen ist gut wandern.

Anfahrt und Abfahrt 20-km-Tour: Bf Dorsten

DB-Linien 23, 24, 25. Die Busse fahren am ZO ab (2 min vom Bf): SB25, SB28, CE50, 188, 208 245, 270, 274, 276, 287, 294, 295, 298, 299

Abfahrt (16-km-Tour): Dorsten-Holsterhausen

Ⓗ Wennemarkstraße Bus 274
Ⓗ Wulfener Landweg Bus 245

Streckenlänge: 16 km/20 km (ca. 4 Std/5 Std)

Start:
Vom Bf Dorsten führt der Weg am Busbahnhof vorb zum Kern der einstigen Hansestadt. Die Kirche St. Agatha (13. Jh., romanischer Taufstein) sollten Si

sich anschauen, ebenso das alte Rathaus (1567), auch Stadtwaage genannt.

10 min:

Am nördlichen Kanalufer entlang geht es durch die Auen westwärts. Rechts fließt gemächlich die **Lippe**.

1.15 Std:

Nördlich von Östrich wechseln Sie die Kanalseite und wandern Richtung Gahlen.

2.00 Std:

Ein kurzer Abstecher nach links führt zum Dorf **Gahlen**. Danach geht es auf der nördlichen Kanalseite weiter zur Schermbecker Brücke. Ab hier folgen Sie (mit den SGV-Wanderzeichen **X11/12**) der Landstraße Richtung Schermbeck.

2.30 Std:

Vom alten Schermbecker Bahnhof aus geht es auf dem Weg **X1** zurück Richtung Dorsten. Zunächst an der ehemaligen Bahn entlang, wandern Sie durch Felder, Wälder und Wiesen nördlich der Lippe.

4.00 Std:

Dorsten-Holsterhausen ist erreicht, von hier aus besteht Busanschluß nach Dorsten Mitte. Wer noch eine Stunde weiterlaufen möchte, folgt weiter dem Weg **X1**. Von der nächsten Brücke sind es dann nur noch wenige Schritte bis zur Dorstener Altstadt.

Lippe

Windungsreich und nicht schiffbar schlängelt sich die Lippe durch die Landschaft. Sie entspringt am Westrand des Eggegebirges und mündet nach 255 km bei Wesel in den Rhein.

Gahlen

Mit seinem sehenswerten Ortskern und der bezaubernden Wassermühle ist Gahlen der ideale Ort für eine kleine Rast. Tip: Zur Mühle, Kirchstr. 78, Schermbeck-Gahlen, Tel. 02853-3671, Mo-Fr 10-14 h und 16-1 h, Sa, So 10-1 h, dienstags Ruhetag.

38

Take off

Von Marl-Sinsen zum Flugplatz Loemühle

Sie können diese Wanderung mit einem Rundflug oder einer Ballonfahrt verbinden - wenn Sie sich vorher anmelden!
Doch sind die ländlichen „Niederungen" zwischen Sinsen und Speckhorn auch nicht zu verachten. Ziel dieser Tour ist eine historische Kostbarkeit: die Loemühle aus dem Jahre 1230.

Anfahrt Bf Marl-Sinsen

DB-Linie 20, SE2; Bus 200, 206, 209, 222, 223, 229

Abfahrt Ⓗ Ringerottstraße (Marl-Hüls)

Bus 217, 235, 238

Streckenlänge: 14 km (ca. 3.30 Std)

Start:

Ready to take off. Aus dem Bahnhof hinaus gehen Sie nach rechts in die Bahnhofstraße. Folgen Sie dem Wanderzeichen **X14** des SGV. Nach 200 Metern biegen Sie links in einen Feldweg ein.

15 min:

Sie überqueren die Halterner Straße und befinden sich auf dem Haardgrenzweg.

30 min:

An einer Wegkreuzung wechseln Sie die Wanderstrecke und gehen nach rechts, jetzt mit **X16**.

1.15 Std:

In der Hornemannsiedlung biegen Sie rechts auf die Wanderstrecke **X4** ab. Nach wenigen Metern unterqueren Sie die Bahnstrecke Recklinghausen-Münster.

1.30 Std:

Nachdem Sie die Halterner Straße überquert haben, folgen Sie dem Wanderzeichen in den Burgweg.

Ballonstartplatz

Infos über den Ballonsportclub Marl erhalten Sie bei: Dr. Karl-Heinz Huthmacher, Schubertstr. 11, Marl. Gasballonfahrt ab DM 500,–, Heißluftballonfahrt ab DM 350,–.

124

Geben Sie acht: Nach 500 m links abbiegen und den Zeichen **X14** und **X6** folgen!

1.40 Std:

Das Zeichen **X6** weist nach links. Sie wandern durch das Naturschutzgebiet Die Burg. Alternative: Wenn Sie am Zeichen **X6** nach rechts gehen, gelangen Sie nach 200 m zum Ballonstartplatz.

2.10 Std:

Sie überqueren die Autobahn A43. Rechter Hand liegt der Flugplatz Loemühle. Na, schon Lust auf die Vogelperspektive?

2.30 Std:

Entlang des Flugfeldes kommen Sie auf die Hülsstraße, der Sie nach rechts folgen. Nach 300 m liegt rechts die Einfahrt zum **Flugplatz Marl-Loemühle**.

Vielleicht gönnen Sie sich einen Rundflug über das Ruhrgebiet oder eine kleine Stärkung im Flughafen-Restaurant. Danach geht es zurück bis zur Hauptstraße, diese überqueren Sie und biegen sofort nach rechts in den Salmsweg ein.

2.50 Std:

Kurz vor dem Loemühlenbach gehen Sie rechts dem Wanderzeichen **X14** nach.

Flugplatz

Flugplatz Marl-Loemühle, Hülsstraße 301, Marl, Tel. 02365-81572. Rundflüge von DM 50,– bis DM 90,– pro Person. Tgl. geöffnet von 9 h bis Sonnenuntergang, maximal bis 20 h. Infos: Marler Flugdienst Tel. 02365- 82249. Das Flughafen-Restaurant bietet Kaffee und Kuchen sowie kleine Speisen. Ein Biergarten liegt direkt am Flugfeld. Gute Sicht auf den Flugbetrieb ist garantiert.

Die Vorbereitungen laufen auf Hochtouren. Die Balloner in Marl

3.00 Std:

Auf der rechten Seite liegt die Gaststätte **Im Nachtigallental**. Sie folgen dem Loemühlenbach.

3.20 Std:

Ein Teich, der vom Loemühlenbach aufgestaut ist, kündigt die **Loemühle** an. Erbaut im Jahre 1230, ist

e das älteste Gebäude in der Gegend. Über zwei
rücken erreichen Sie das ehemalige Mahlwerk.

3.30 Std:

uf in die Fluten: links liegt das Freibad Loemühle.
Venig später erreichen Sie über einen Feldweg die
ushaltestelle Ringerottstraße.

Ein Heiden-Spaß

Von Haltern-Mitte nach Flaesheim

Info

Für Familien mit Kindern geeignet, die ebenen Wege sind leicht zu begehen. Festes Schuhwerk empfohlen, da zahlreiche Wald- und Heidewege sehr sandig sind. Außer dem Restaurant „Seehof" (50 min) keine Einkehrmöglichkeiten unterwegs.

Sie wandern durch beschauliche Heidelandschaften, kühle Waldgebiete und seltene Wacholderdünen. Am Ende der Tour wartet ein Kleinod auf den Wanderer: das Dörfchen Flaesheim mit der historischen Stiftskirche, einem alten Kirchhof, einer 500 Jahre alten Dorflinde und Fachwerkhäusern.

Anfahrt Bf Haltern

DB-Linien SE2, 9, 20; Bus 209, 214, 215, 242, 243, 246, 248, 271, 272, 273, 275, 284, 297, 490

Abfahrt Ⓗ Flaesheim-Stift (Haltern-Flaesheim)

Bus 284

Streckenlänge: 14 km (ca. 3.30 Std), mit Abstecher zum Dachsberg 20 km (5 Std)

Halterner Stausee

1930 wurde der Halterner Stausee durch die Stauung der Stever und des Mühlenbaches angelegt. Mit 307 ha Fläche und 20,5 Mill. m³ Fassungsvermögen stellt er die Wasserversorgung von über einer Million Menschen sicher.

Start:

Dann man tau. Am Bahnhof Haltern halten Sie sich rechts und unterqueren nach 200 m die Bahn (Fußgängertunnel). Folgen Sie der Bahn bis zur Siedlung Lippspieker/Hullerner Straße. Hier kreuzen Sie die B58 und erreichen die Steveraue.

Die Stiftskirche in Flaesheim ist weithin sichtb

30 min:

Ein romantischer Uferpfad führt Sie an der **Stever** entlang. Er wird zunächst von Pappeln und dann von Kastanien gesäumt.

50 min:

Von der Brücke aus fällt der Blick auf das Stauwehr des **Halterner Sees**. Sie wandern neben der Landstraße (B58) über den Damm, der den Hauptsee (im Norden) vom Wassergewinnungsbecken (im Süden) trennt. Sie kommen an der Strandbadzufahrt vorbei und gelangen zum Restaurant Seehof.

1.20 Std:

Vom Uferweg der Landzunge Hohe Niemen bieten sich abwechslungsreiche Aussichten über die Weite des Sees, hinüber zum Strandbad, zur Vogelinsel und zum Stockwieser Ufer. Die Nordspitze der Landzunge ist Naturschutzgebiet. Bitte hier die Wege nicht verlassen.

2.00 Std:

Ein Rest der ehemals weitläufigen Heidegebiete liegt vor Ihnen: die Westruper Heide mit weiten Erika-Flächen, mit Kiefern, Wacholder und Birken. Durch Schafe, die hier regelmäßig weiden, werden die Baumschößlinge kurz gehalten, so daß sich auf dem sandigen Boden Heide bilden kann. Ohne Schafe entstünde hier bald wieder Wald.

2.30 Std:

Mitten im dichten Wald treffen Sie auf eine Besonderheit: die Wacholderdüne Sebbelheide. Auf den vom Wind angewehten niedrigen Sanddünen entwickelte sich ein dichter Wacholderbestand und bildete diese bizarre Landschaft.

2.50 Std:

Sie erreichen Westrup, ein kleines, typisch münsterländisches Dorf, das nur aus ein paar westfälischen Gutshöfen besteht.
Durch den anschließenden Wald gelangen Sie in die Lippeaue.

3.10 Std:

Zwei Brücken führen Sie zunächst über die **Lippe** und dann über den **Wesel-Datteln-Kanal**. Sie folgen dem Kanalufer und sehen im Hintergrund die Anlagen der Schleuse Flaesheim.

Stever

Die Stever durchfließt in weiten Bögen das südliche Münsterland, speist den Hullerner und den Halterner Stausee und mündet in die Lippe.

Fluß und Kanal

Die Lippe ist 255 km lang, entspringt am Westrand des Eggegebirges und mündet bei Wesel in den Rhein.
Der Wesel-Datteln-Kanal wurde 1929 eröffnet. Auf 60 km müssen die Kähne immerhin 6 Schleusen passieren.

 Restaurant Wanderer sind in Flaesheim willkommen bei:
Café-Restaurant Tüshaus, Flaesheimer Straße 377, Tel. 02364-2297, Di-So 10-22 h.
Café Brinkert, Zum Dachsberg 25, Tel. 02364-3708, Di-So 6.30-18 h.

Achtung

Technisch Interessierte wandern an der kleinen Kanalbrücke bei Flaesheim vorbei bis zur Schleuse (2 Kammern, 3 verschiedene Torsysteme), queren hier den Kanal und laufen auf dem gegenüberliegenden Ufer zurück nach Flaesheim (ca. 30 min).

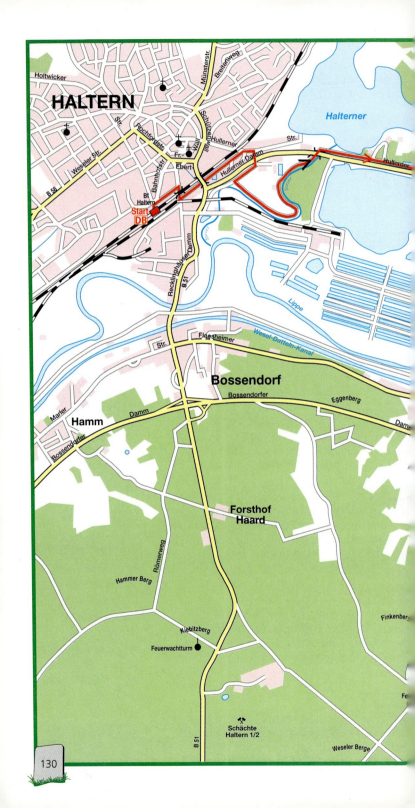

HALTERN

Holtwicker

Halterner

Hullerner

Hullerner Damm

Str.

Hullerner

Münsterstr.

Breitenweg

Rochfordstr.

Schützen-

Ebert-

Fr.-

Ebert-

Weseler Str.

Bahnhofstr.

Str.

B 58

Bf
Haltern

Start
DB

Recklinghäuser Damm

B 51

Lippe

Flaesheimer

Str.

Wesel-Datteln-Kanal

Bossendorf

Bossendorfer

Eggenberg

Dam

Marler

Hamm

Damm

Bossendorfer

**Forsthof
Haard**

Römerweg

Hammer Berg

Finkenberg

Kiebitzberg

Feuerwachtturm

Fe

B 51

Schächte
Haltern 1/2

Weseler Berge

Naturschutz-
gebiet

Hohe Niemen

Overrath

Stausee
Hullern

Heimingshof

Damm

Hullerner Str. B 58

Stever

Naturschutzgebiet
Westruper
Heide

Naturschutz-
gebiet

Wacholderdüne
"Sebbelheide"

Damm

Flaesheimer

Westruper

Westrup

Westruper Str.

Sebbel

mspannwerk Flaesheimer Damm

Kanalstr.

Flaesheimer

Ziel

Bodelschwingh-
str.

Zum Dachsberg

Haardstr.

Schleuse

Lippe

Westleven

Flaesheimer Str.

Flaes-
heim

Str.

X 10

Sundern

Dachsberg

X 10

Schrammberg

Schacht
An der Haard 1

Maßstab: 1: 32 000

0   250   500 m

ie   H a a r d

131

39

Die Haard

Hätten Sie es gewußt?
Die Haard ist mit einem
Durchmesser von bis zu
10 km das größte
zusammenhängende
Waldgebiet im Ruhrgebiet.

Rastplatz

3.30 Std:

Flaesheim ist erreicht. Der Ort entstand um das
ehemalige Stift herum, dessen Kirche zum Teil aus
dem 12. Jh. stammt. Auf dem Stiftsplatz rechts
gegenüber der Kirche steht eine 500 Jahre alte Linde.
Mehrere historische Bauten prägen den Ortskern,
während der Ort zum Waldgebiet der Haard hin um
wohnliche Siedlungen erweitert wurde.

Abstecher für Dauerläufer

Wenn Sie Ihre See- und Heide-Tour zu einer
ausgedehnten Tageswanderung erweitern wollen,
bietet sich ein Rundweg durch das Waldgebiet der
Haard südlich von Flaesheim an. Die Strecke
verlängert sich damit um 6 km (ca. 1.30 Std).

Start:

Auf der Straße Zum Dachsberg verlassen Sie mit
dem Wanderzeichen **X10** Flaesheim und wandern
bergauf zum 123 m hohen Dachsberg.

40 min:

Folgen Sie dem nach rechts abzweigenden Wanderweg **A2**.

50 min:

Am Wegesrand links taucht einer der einsamen
Feuerwachtürme auf. An trockenen Sommertagen
ist der Turm ständig besetzt, um auch die kleinste
Rauchwolke rechtzeitig zu sehen. Wer schwindelfrei
ist und die vielen Stufen nicht scheut, kann den
Aufstieg wagen. Bingo: Über das grüne Meer der
Baumkronen hinweg erkennen Sie den Dortmunder
Fernsehturm und die Essener Skyline. Das Auge
wandert eben auch mit.

60 min:

Wenige Schritte weiter zweigen die Wanderwege
A2 und **X16** nach rechts ab. Romantische Pfade
durch dichten Nadelwald führen vom Rennberg
hinab in die Lippeniederung.

1.15 Std:

Der Wald bleibt zurück, weite Ackerflächen prägen
die Landschaft. Wer Fragen an die moderne
Landwirtschaft hat, kann hier auf dem Lehrpfad
wandeln. Bis Flaesheim führt Sie weiterhin das
Zeichen **X16** des SGV.

Liebliches Lünen

Von Lünen Hbf nach Preußen

Gegensätze ziehen sich an, besonders in Lünen. Wandern und Staunen gehören in dieser Stadt zusammen. Altes Fachwerk und moderne Architektur gehen ein harmonisches Miteinander ein. Sie sollten aber auch die evangelische Stadtkirche und Schloß Schwansbell nicht links liegen lassen.

Anfahrt Hbf Lünen

DB-Linie 46

Abfahrt Bf Preußen

DB-Linie 46

Streckenlänge 8 km, ca. 2 Std.

Start:

Vom Bahnhofsvorplatz geht´s sofort nach links in die Münsterstraße. Sie überqueren die Kurt-Schumacher-Straße und spazieren nach wenigen Metern durch die Lüner Fußgängerzone.

10 min:

Hinter der Lippebrücke beginnt die Langestraße. Hier erhebt sich auf der linken Seite die historische **Georgskirche**.

20 min:

Auf der anderen Seite der Kurt-Schumacher-Straße bummeln Sie durch die verkehrsberuhigte Horstmarer Straße. An der Seelhuve zweigen Sie links ab. Hinter der Eisenbahnunterführung ist der Park von Schloß Schwansbell erreicht.

5 min:

Sie folgen dem SGV-Wanderzeichen **XE** nach links, Richtung **Schloß Schwansbell**.

5 min:

Sie lassen das Schloß rechts liegen und folgen dem Pfad in Richtung Osten.

Georgskirche

Die Georgskirche, eine dreischiffige Hallenkirche, ist um 1450 erbaut worden. Sie hat einen vierteiligen Flügelaltar aus der Werkstatt des Liesborner Meisters.

133

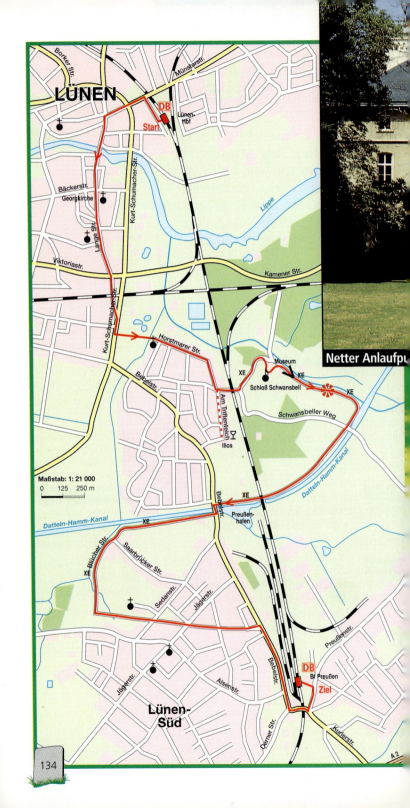

LÜNEN

DB

Start

Lünen-Hbf

Münsterstr.

Borker Str.

Kurt-Schumacher-Str.

Lippe

Bäckerstr.

Georgkirche

Lange Str.

Viktoriastr.

Kamener Str.

Kurt-Schumacher-Str.

Horstmarer Str.

XE

Museum

Schloß Schwansbell

XE

XE

Bebelstr.

Am Triftenteich

Schwansbeller Weg

Ilios

Datteln-Hamm-Kanal

Maßstab: 1: 21 000

0   125   250 m

Bebelstr.

XE

Preußen-hafen

Datteln-Hamm-Kanal

XE

Blücher Str.

Saarbrücker Str.

XE

Sedanstr.

Jägerstr.

Preußenstr.

DB

Bf Preußen

Ziel

Jägerstr.

Alsenstr.

Bebelstr.

Oerner Str.

Kurlerstr.

Lünen-Süd

Netter Anlaufpu

A 2

Wanderer in Lünen: das Schloß Schwansbell

60 min:

Von der Höhe haben Sie einen schönen Rundumblick auf Lünen, das Schloß und das Gelände der zukünftigen Landesgartenschau 1996 mit dem Horstmarer See.

1.15 Std:

Schiffe schauen: Sie wandern entlang des Datteln-Hamm-Kanals.

1.30 Std:

An der Eisenbahnbrücke stoßen Sie wieder auf das Zeichen **XE**. Nach ca. 300 m überqueren Sie den Kanal und wandern auf der gegenüberliegenden Seite weiter.

2.45 Std:

Links liegt der Friedhof Lünen Süd. Wenig später verlassen Sie den Wanderweg **XE** und wandern auf einer alten Bahntrasse nach links.

2.00 Std:

Sie folgen der Bebelstraße nach rechts und nehmen die nächste Straße (Preußenstraße) nach links. Hinter der Eisenbahnunterführung liegt links der Bahnhof Preußen.

Schloß Schwansbell

Schloß Schwansbell ist eines der jüngsten Adelshäuser in Westfalen. Von 1872 bis 1875 wurde es im Stil der englischen Neugotik erbaut. Heute beherbergt das Schloß Dienststellen der Lüner Stadtverwaltung. Es ist nicht zu besichtigen. Das Wirtschaftsgebäude von 1853 beherbergt das Lüner Stadtmuseum. Schwansbeller Weg 32, Lünen, Tel. 02306-104 649, Führungen: 02306-56118. Öffnungszeiten im Winter Di-Fr 14-17 h, Sa, So 13-17 h, im Sommer 14-18 h, Sa, So 13-18 h. Mo geschlossen. Eintritt DM 2,–, Kinder unter 15 frei.

Restaurant

Im gleichen Gebäude ist das Restaurant-Hotel Schloß Schwansbell. Gastronomie der Spitzenklasse und der Spitzenpreise. Die Terrasse, über die der Wanderweg **XE** verläuft, lädt zum Verweilen ein. Schwansbeller Weg 32, Lünen, Tel. 02306-206810, Di-Fr 12-15 h, 18-23 h, Sa, So 15-23 h. Montags Ruhetag.

Gut gelaufen!

**Unterwegs zu Fuß
mit Bus und Bahn**

Verkehrsverbund Rhein-Ruhr

Gute Karten für mobile Leute

Wer ohne Auto seine Freizeit genießen und nebenbei noch etwas »von der Welt« sehen will – der nutzt die cleveren Alternativen des VRR. Ob allein, zu zweit oder in der Gruppe – wir bringen Sie günstig dahin, wohin Sie wollen.

Das TagesTicket

Fahren Sie ab! Einen ganzen Tag, so oft Sie wollen.

Die günstige Lösung für Gruppen: Das TagesTicket ist nämlich das richtige Ticket für Gruppen bis zu 5 Personen, die einen ganzen Tag lang unterwegs sind – der Hund ist übrigens kostenlos dabei. Und wenn die Gruppe größer ist, lösen Sie einfach mehrere TagesTickets.

Achtung: Oft lohnt sich ein TagesTicket auch schon für zwei Personen! Das TagesTicket gibt es in den Preisstufen A, B, und C, also für jede Entfernung das gewünschte Ticket! Alle Preise und unsere weiteren Ticket-Angebote finden Sie übrigens auf Seite 140.

Für Fahrräder gibt es das ZusatzTicket: Pro Fahrrad und Fahrt kostet die Mitnahme DM 2,20! Egal, wie weit Sie im VRR-Gebiet fahren!

Das Ticket 2000

Einen Monat lang mobil – und nicht allein!

Zwei Erwachsene und drei Kinder unter 14 Jahren fahren mit einem einzigen Ticket 2000 – abends ab 19 Uhr, am Wochenende und an Feiertagen sogar ohne zeitliche Einschränkung; der Hund kommt mit – jederzeit und kostenlos – wie auch das Fahrrad (dieses allerdings mit zeitlicher Einschränkung).

Das Ticket 2000 ist außerdem übertragbar und nach wie vor die preiswerteste Art, einen Monat lang mobil zu sein.
Als »Ticket 2000 9 Uhr« und im Abo bieten wir darüber hinaus noch weitere Vorteile – wir informieren Sie gern.

Info-Telefon (02 09) 19 4 49.

Wie Sie sich orientieren können:

Ein ABC, das sparen hilft.

Preis-stufe	EinzelTicket		4erTicket		TagesTicket bis zu 5 Personen
	Erwachsene	Kinder	Erwachsene	Kinder	
Kurzstrecke	1,80	1,70	5,00	4,80	—
A	2,90		8,40		8,70
B	5,40	2,90	14,20	8,50	12,60
C	11,00		31,60		24,00

ZusatzTicket für 1. Klasse der DB oder einen Hund oder ein Fahrrad kostet in jeder Preisstufe DM 2,20 pro Person, Hund, Fahrrad und Fahrt.

Alle Preise in DM. Stand 1.1.1995.

Preisstufe K:

gültig für eine Kurzstrecke, also ein bis zwei Kilometer. An jeder Haltestelle gibt es einen Kurzstreckenplan.

Preisstufe A:

gültig für ein Tarifgebiet. Die Großstädte Düsseldorf, Dortmund, Essen, Duisburg und Wuppertal bestehen zwar aus jeweils zwei Tarifgebieten, gehören aber dennoch zur Preisstufe A.

Rheurdt

Aldekerk

Kempen/ Grefrath/ Tönisvorst

Kr

Nettetal/ Brüggen

Viersen

Willich

Preisstufe B:

gilt beim TagesTicket für alle Fahrten in eine Nachbarstadt und in vielen Fällen noch darüber hinaus.

Nieder-krüchten

Schwalm-tal

Mönchen-gladbach

Korsche-bro

Preisstufe C:

gültig für den Gesamtbereich des VRR.

Jüchen

Gr b

Das gesamte Verbundgebiet auf einen Blick, eingeteilt in die einzelnen Tarifgebiete.

Tarifgebietsplan
In den schraffierten Gebieten wird der VRR-Tarif nur auf bestimmten Linien angewendet.

Mit uns ist gut Fahren:

Bochum-Gelsenkirchener
Straßenbahnen AG
Universitätsstraße 58, 44789 Bochum
Tel. (02 34) 3 03-22 22

Dortmunder Stadtwerke AG
Deggingstraße 40, 44141 Dortmund
Tel. (02 31) 9 55-33 88, -22 46/47/48

Rheinische Bahngesellschaft AG
Hansaallee 1, 40549 Düsseldorf
Tel. (02 11) 5 82-28

Duisburger Verkehrsgesellschaft AG
Bungertstraße 27, 47053 Duisburg
Tel. (02 03) 604-45 51/2/3

Verkehrsgesellschaft
Ennepe-Ruhr mbH
Kölner Straße 303, 58256 Ennepetal
Tel. (0 23 33) 9 78 50

Essener Verkehrs-Aktiengesellschaft
Zweigertstraße 34, 45130 Essen
Tel. (02 01) 8 26-12 34

Hagener Straßenbahn AG
Hohenzollernstraße 3–7, 58095 Hagen
Tel. (0 23 31) 2 08-4 00

Straßenbahn
Herne-Castrop-Rauxel GmbH
An der Linde 41, 44627 Herne
Tel. (0 23 23) 38 93-40

Vestische Straßenbahnen GmbH
Westerholter Straße 550
45701 Herten
Tel. (0 23 66) 1 86-1 86

Städtische Werke Krefeld AG
St. Töniser Straße 270, 47804 Krefeld
Tel. (0 21 51) 98-42 10

Stadtwerke Mönchengladbach GmbH
Rheinstraße 70
41065 Mönchengladbach
Tel. (0 21 61) 19 4 49

BVR Busverkehr Rheinland GmbH
Worringer Straße 34–42, 40211 Düsseldorf
Tel. (02 11) 16 99 00

Bahnen der Stadt Monheim GmbH
Daimlerstraße 10, 40789 Monheim
Tel. (0 21 73) 9 57 40

Betriebe der Stadt Mülheim a. d. Ruhr
Duisburger Straße 78
45479 Mülheim a. d. R.
Tel. (02 08) 44 39-1 18/-1 28/-1 82

Stadtwerke Neuss
Hammer Landstraße 45, 41460 Neuss
Tel. (0 21 31) 90-84 15/-84 13/-81 48

Stadtwerke Oberhausen AG
Max-Eyth-Straße 62, 46149 Oberhausen
Tel. (02 08) 8 35-8 21/-8 22

Stadtwerke Remscheid GmbH
Alleestraße 72, 42853 Remscheid
Tel. (0 21 91) 3 60-2 23/-4 32

Stadtwerke Solingen
Beethovenstraße 210, 42655 Solingen
Tel. (02 12) 2 95-5 65/-6 22

Viersener Verkehrs-GmbH
Rektoratstraße 18, 41747 Viersen
Tel. (0 21 62) 3 71-4 22/-4 23

Wuppertaler Stadtwerke AG
Bromberger Straße 39–41
42281 Wuppertal
Tel. (02 02) 5 69-39 98 oder 19 4 49

Deutsche Bahn AG
Am Hauptbahnhof 5, 45127 Essen
Tel. (02 01) 1 82-49 93

Verkehrsverbund Rhein-Ruhr GmbH
Bochumer Straße 4, 45879 Gelsenkirchen
Tel. (02 09) 19 4 49

Fragen oder Probleme?
Rufen Sie Ihr Verkehrsunternehmen an
oder die Service-Nummer des Verkehrsverbundes Rhein-Ruhr: (02 09) 19 4 49

Ortsregister